MEILENSTEINE

Die Titelseite und das Foto hier zeigen die Kreationen „meerrauch" von Heiko Antoniewicz, die er für die Fischmanufaktur „Deutsche See" entwickelt hat. Die Linie besteht aus innovativen Räucherprodukten, die auf sogenannten molekularen Techniken basieren. Ich habe sie gewählt, weil sie Meilensteine in der Avantgardeküche sind. Einst entwickelten Kochkünstler wie Ferran Adrià unter Zuhilfenahme von Stoffen, die in der Lebensmittelindustrie lange schon Verwendung finden, Menüs für die Sternegastronomie. Sie machten Texturas wie

Agar, Metil, Xanthan oder Fizzy gesellschaftsfähig. Nun, da solche Basisstoffe bei Gourmets Anklang gefunden haben, finden sie – ebenfalls von Sterneköchen geadelt, in diesem Fall von Heiko Antoniewicz – ihren Weg als Edelprodukt zurück in die Manufakturen und müssen sich nicht länger im Kleingeschriebenen auf der Verpackung verstecken. Eine der ersten Produktlinien dieser Art ist „meerrauch". Damit schließt sich der Kreis. Es lebe die Innovation, der Motor unserer Gesellschaft.

Thomas Ruhl

Edition
Port Culinaire

Edition
Fackelträger

AVANTGARDEKÜCHE

Als ich dieses Buch zu schreiben begann, hatte der Trend, den man sehr zum Unbehagen seiner Schöpfer „Molekularküche" nennt, seinen Zenit bereits überschritten.

Wir schreiben das Frühjahr 2008 und ich kann auf vier sehr erfolgreiche Jahre mit Verbindung zur Molekularküche zurückblicken. Vor einem Jahr gab es noch keine deutschsprachige Veröffentlichung zu diesem Thema, außer den großen, schweren und kunstvollen Publikationen des Ferran Adrià.

In dieser Zeit wurde ich bedrängt, schnell ein Buch darüber zu schreiben, denn der Markt schreie förmlich danach. Für mein letztes Buch, das Trüffelbuch, habe ich fünf Jahre gebraucht. Jedes Mal, wenn ich es mir ansehe, bin ich stolz darauf. Mit diesem, meinem zweiten Buch, soll es genauso sein.

Ich verständigte mich mit Thomas Ruhl, dem Fotografen und Herausgeber, darauf, dass wir erst mit diesem Projekt anfangen, wenn wir uns hundertprozentig sicher sind, und dass wir ein Ergebnis anpeilen, das qualitativ seinem Vorgänger entspricht. Ich hatte also vier lange Jahre Zeit, nach der Wahrheit und der Sinnhaftigkeit der modernen Kochtechniken und der modernen Texturgeber zu suchen und ich glaube, sie gefunden zu haben.

Den Anfang dieser langen Reise machte ich bei einem Vortrag Ferran Adriàs in Frankfurt. Eigentlich wollte Ferran nur der Firma Isi, die den Espuma-Sprayer herstellt, ein wenig auf's Pferd helfen und mit einer Vortragsreise durch Deutschland Köchen die Vorteile der Espumas näher bringen. Die Veranstaltungen fingen jedoch immer mit einem zweistündigen Diavortrag über das elBulli, dem Restaurant Ferran Adriàs in der Stadt Roses, an. Ein faszinierender Vortrag über eine völlig neue, mir unbekannte Art der Küche und der Gastronomie, die mich begeisterte. Nach dem Vortrag hatte ich das Glück, zwei Stunden lang unter vier Augen mit Ferran zu reden. Aus meiner Begeisterung wurde Euphorie. Ich erzählte jedem, der es hören wollte, von dieser grandiosen Art des Kochens und kochte zuhause die einfacheren Rezepte Ferrans nach. Eines der ersten Rezepte war ein sehr simples Gemisch aus Agar-Agar und Hühnerfond, das sich nach dem Gelieren in Tagliatelle schneiden ließ. Die Nudeln bestanden sozusagen aus der Soße. Beim Essen dieser mehlfreien Pasta ist mir ein Gedanke gekommen, den ich heute gerne als zentralen Lehrsatz der Avantgardeküche benutzen möchte: **Finde für jedes Gericht die bestmögliche Konsistenz.**

Aber Achtung! Es heißt ausdrücklich „für jedes Gericht" und nicht „für jedes Lebensmittel". Diesen Unterschied halte ich für ungemein wichtig und möchte Ihnen an einem Beispiel erklären, warum. Nehmen wir ein Stück Rinderfilet. Gehen wir einmal davon aus, dass die bestmögliche Konsistenz für dieses Fleischstück zu erreichen ist, wenn man es scharf anbrät und dann für drei Stunden bei 57 Grad Celsius im Wärmeschrank ziehen lässt. Von Rand zu Rand ist es dann zartrosa, saftig und so weich, dass man es mit einem Löffel essen könnte. Das ist sicher die bestmögliche Konsistenz für dieses Lebensmittel, aber was ist mit dem Steak Tatar vom Rinderfilet? Das ist ein anderes Gericht. Deswegen darf man das Wort „Gericht" im zentralen Lehrsatz nicht mit dem Wort „Lebensmittel" verwechseln oder vertauschen.

Nach einer vierjährigen Reise durch die Welt der Avantgardeküche, auf der ich Heston Blumenthal kennengelernt, mich

mit Juan Amador angefreundet, dutzende Kochkurse mit Paco Roncero und Dani Garcia veranstaltet und in den letzten Jahren zusammen mit Heiko Antoniewicz mehr als 1.000 Köchen die Grundlagen dieser Küche in meiner eigenen Kochschule beigebracht habe, fühle ich mich heute in der Lage, dieses Buch zu schreiben.

Hätte ich dieses Buch schon vor einem Jahr geschrieben, wäre es aufgrund der Tatsache, dass ich jeden Tag Köchen und Journalisten diese moderne Art der Küche erklärt habe, sicher euphorischer und enthusiastischer geworden als heute. Das heißt aber nicht, dass mein Enthusiasmus insgesamt weniger geworden wäre, im Gegenteil. Ich bin durch die Routine nur etwas abgeklärter geworden und glaube, dass dies von Vorteil sein kann, da ich somit das Gute besser vom Schlechten und den Effekt besser von der Effekthascherei unterscheiden kann.

Dass es sehr viel Gutes bei den neuen

Techniken und den neuen Texturgebern gibt, hat heute wohl jeder Profi- und auch jeder Hobbykoch erkannt. Leider gibt es aber auch einiges an Unnützem und Überflüssigem. Auch das Wort „neu" macht mir in diesem Zusammenhang ein wenig Bauchschmerzen. Die Gartechniken der Avantgardeküche sind nämlich nicht so richtig neu. Schon vor zwanzig Jahren hat man im Hummerstübchen in Düsseldorf (zwei Michelin-Sterne) eine Stunde lang auf das Steak warten müssen, da der Küchenchef Peter Nöthel das Fleisch nach dem Anbraten 45 Minuten im Backofen ruhen ließ. Vielleicht konnte er nicht genau sagen, was mit dem Fleisch im Backofen bei Niedrigtemperatur geschah, er wusste jedoch, dass das Fleisch durch diese Prozedur zarter wurde. Es gab sogar schon Hold-O-Maten (Warmhaltegeräte) zu dieser Zeit, aber es gab niemanden, der das Wissen der Technik und der Geräte zusammenbrachte.

DIE RICHTIGE KONSISTENZ

Sternekoch Stefan Marquard garte seinen Lachs schon vor zehn Jahren im Vakuumbeutel in der Spülmaschine. Zu der Zeit gab es bereits thermostatgesteuerte Tauchsieder wie den Julabo oder den Rooner, aber sie wurden in Chemielabors und nicht, wie heute, in Restaurantküchen benutzt. Trockengeräte wurden schon vor Jahrzehnten für Dörrobst gebraucht, heute benutzt man sie in der Avantgardeküche, um crunchige Mangocrisps für moderne Dessertvariationen herzustellen.

Auch bei den Texturgebern gibt es nicht wirklich viel Neues. Die meisten Texturgeber sind von der Lebensmittelindustrie entwickelt worden. Es ist jedoch den innovativen Köpfen der Avantgardeküche zu verdanken, dass das ganze Wissen über die modernen Techniken und Texturgeber, wenn wir sie weiterhin so nennen dürfen, der Küche zugänglich gemacht wurden. Die Pioniere dieser Küchenrichtung haben unermüdlich an der Weiterentwicklung der Techniken gearbeitet und neue Einsatzgebiete für die Texturgeber erforscht. Ganz im Gegensatz zu der vorangegangenen Genera-

tion der Spitzenköche haben sie die Ergebnisse ihrer Forschungen und ihrer Tüfteleien jedoch nicht für sich behalten, sondern sie verbreitet und ausgetauscht. Dies war auch der Grund, warum sich diese Art der Küche mit einer Unmenge an Neuigkeiten in relativ kurzer Zeit verbreitet hat.

Wo man diese neuen Techniken und Texturen überall finden kann, darauf werden wir später noch einmal zurückkommen. Was diese Küchenrichtung für die Gastronomie getan hat, soll an dieser Stelle jedoch nicht unerwähnt bleiben.

Noch vor wenigen Jahren war die Welt der Lebensmittel zweigeteilt. Es gab Lebensmittel speziell für Endverbraucher mit den dazugehörigen Vertriebswegen, die gezüchtet und produziert wurden. Daneben gab es Lebensmittel, die ausschließlich der Gastronomie vorbehalten waren. Noch vor zehn Jahren war es einem Hobbykoch so gut wie unmöglich, an geangelten Steinbutt oder Loup de Mer, an Meeresschnecken, Gänsestopfleber, lebende Flusskrebse oder US-Prime Beef heranzukommen. Selbst frische Spitzmorcheln oder Trüffel waren so gut

wie unerreichbar. Diese und viele andere Produkte liefen über spezielle Kanäle direkt in die Küchen ambitionierter Köche und verschafften ihnen einen gewissen Vorteil ihren Gästen gegenüber. Alle diese Produkte zeichneten sich durch besondere Güte und Qualität aus, sodass das Ergebnis auf dem Teller selbst bei größter Sorgfalt von einem Hobbykoch oder einer engagierten Hausfrau nicht zu erreichen war. Wenn man wirkliche Spitzenküche erleben wollte, musste man die Restaurants der Topklasse besuchen. Wenig später ging ein unglückliches Raunen durch diese Klasse der Topköche. Firmen wie Rungis Express, Frischeparadies und Bos Food öffneten ihre bis dahin nur der Gastronomie vorbehaltenen Türen den Hobbyköchen. Man raubte den Restaurants damit den Vorteil, von dem sie immer gut gelebt hatten. Selbst Giganten wie die Metro eröffneten Fischabteilungen von exzellenter Qualität und Quantität. Der Trend der Spitzenköche, eine Kochschule zu eröffnen und die inflationäre Menge an Kochsendungen im Fernsehen trugen ihren Teil dazu bei,

den Vorsprung zwischen Gastronom und Gast weiter zu verringern.

Dieses war auch letztlich die Geburtsstunde der Euro-Asiatischen Küche. Auch hier war es lange Zeit ein Privileg der Gastronomie, mit exotischen und qualitativ hochwertigen Produkten, Informationen und Gartechniken aus Asien beliefert zu werden. Als Hobbykoch traute man sich noch nicht in die schummrigen Asialäden. Eine Zeit, in der es noch nicht Gang und Gäbe war, dass die Produkte auf Deutsch beschriftet waren und man selbst beim Personal nicht davon ausgehen konnte, dass es die deutsche Sprache beherrschte. Viele Jahre dominierten völlig neue Lebensmittel aus fernen Ländern die Küchen der Sterneköche und stellten den Vorsprung wieder her. Aber dieser Trend war etwas zu erfolgreich: Heute hat jedes Dorf einen gut sortierten Asialaden und jeder Supermarkt ein entsprechendes Regal. Es stand also schnell wieder pari.

Auf einmal macht jedoch ein Koch aus Spanien von sich reden, der ganze Menüs aus dem Sahnebläser zaubert und als Erfrischung beispielsweise Orangenduft im Luftballon serviert. Jenem Koch werden auch noch drei Michelin-Sterne verliehen, sein Restaurant zum besten Restaurant der Welt gekürt. Ein anderer Koch aus England, der denselben Stiefel kocht, wird, vorbei an Marchesi, Röllinger, Obauer, Linster und vielen anderen Superköchen von Weltformat, an die Spitze der Jury der Bocuse d'Or, der Weltmeisterschaft der Köche, gewählt. Das kann doch kein Zufall sein. Nein, ist es auch nicht. Diese Köche, die Pioniere der Avantgardeküche, haben den Vorsprung wieder hergestellt. Diejenigen, die sich mit der Materie beschäftigt haben, haben es begriffen und ihr Lob nicht für sich behalten. Der Ruhm, der bei Ferran Adrià beinahe einer Heiligsprechung nahe kommt, konnte in diesem Fall sogar einmal in Brot, oder sollte man besser sagen in Gold, umgewandelt werden. Wie vor langer Zeit, als Dr. Oetker Backpulver in Kleinverpackungen abgefüllt und damit den Grundstein für ein Milliardenvermögen gesetzt hat, packt Ferran heute die Texturgeber in handliche Gastronomieverpackungen und sicher bald auch in kleine Endverbrau-

cherpacks um. Daher sei ihm für seine Verdienste auch ein kleines Vermögen gegönnt. Sollten Sie als Hobbykoch oder professioneller Koch die neuen Techniken noch nicht nutzen, dann sollten Sie sich spätestens jetzt fragen, was das Essen dieser modernen Köche so besonders macht. Auch wenn Sie als Koch die Techniken und die Texturgeber bereits einsetzen, dann sollten Sie sich nicht nur jetzt vielleicht die Frage stellen: „Mache ich das, was ich mache, richtig?"

Hier kommt nun der zentrale Lehrsatz wieder zum Tragen: **Finde für jedes Gericht die bestmögliche Konsistenz.**

Dieser Satz beantwortet beide Fragen. Übertragen auf die Praxis sollte das bedeuten, dass man auf keinen Fall dem Trend hinterherlaufen und „auf Teufel komm raus" irgendwas gelieren oder in eine Sphäre verwandeln sollte, nur weil es gerade modern ist. Vielmehr empfiehlt es sich, seine Küche komplett zu überdenken. Man sollte sich die nicht endende Mühe machen, jedes Gericht und jedes Detail eines Gerichtes täglich dem

zentralen Lehrsatz zu unterwerfen. Ziel sollte es sein, sich immer weiter in Richtung der perfekten Konsistenz für alle Gerichte, die man zubereitet, zu nähern. Bei allem Bemühen um die perfekte Konsistenz darf der Geschmack und die Würze natürlich nicht vergessen werden. Dabei sei bemerkt, dass ich das bei einem professionellen Koch für selbstverständlich und vollkommen unabhängig von der Küchenrichtung voraussetze.

Damit kommen wir zu den absoluten „No-Gos" der Avantgardeküche. Die Technikverliebtheit vieler Köche hat dazu geführt, dass es in der ersten Zeit der Avantgardeküche zu Erfolgen in der Herstellung neuer Konsistenzen kam, der Geschmack jedoch blieb untergeordnet. Ein solcher Effekt ist immer nur beim ersten Mal überraschend und verliert bei der Wiederholung seinen Charme. Deshalb sollte man auch bei den modernen Techniken genauso pingelig mit dem Geschmack sein, wie bei allen anderen Techniken auch.

Viele der neuen Konsistenzen sind wie Schaum oder Mousse. Das ist ganz logisch, denn ein höherer Luftanteil in der Speise berührt mehr Geschmacksknospen als ein fester Stoff. Die Kunst liegt darin, nicht zu viele Schäume, Mousses oder Airs in einer Speisefolge unterzubringen. Gerade diese Übertreibung hat nämlich der Avantgardeküche den Ruf einer Schaumschlägerei bei den Restaurantkritikern eingehandelt.

Kein vernünftiger Koch würde viermal Jakobsmuscheln oder dreimal Gänsestopfleber in einem Menü unterbringen, auch wenn diese Komponenten noch so wohlschmeckend sind. Ein weiteres No-Go ist der Verzicht auf qualitative und geschmacklich wertvolle Bestandteile in der Speisefolge. Es stimmt zwar, dass man durch die neuen Techniken auch Fleisch und Fisch zart und saftig zubereiten könnte, die auf herkömmliche Art zäh und trocken geworden wären. Dies ändert jedoch nichts an der Tatsache, dass Kalbsbries, Rinderbäckchen und Rochenflügel die wirklichen geschmacklichen Highlights eines Menüs sind und es immer bleiben werden.

Ein erfreulicher Aspekt der Avantgardeküche und des dazugehörigen Wissens über die modernen Garmethoden ist, dass hierdurch die Möglichkeit gegeben wurde, eines der schwärzesten Kapitel der Gastronomie neu zu beleuchten. Es handelt sich hierbei um die Outdoor-Gastronomie, oder, wie es bei Hobbyköchen genannt wird, ums Grillen. Während in ambitionierten Restaurants die Gäste im Innenbereich die ausgeklügeltsten und fantasievollsten Delikatessen serviert bekommen, herrscht im Außenbereich eine ganz und gar andere Ordnung. Aus Organisationsgründen und aufgrund einer nicht nachvollziehbaren Regel hält sich das Vorurteil, dass der Gast auf der Terrasse nicht so viel Geld ausgibt und alles schnell gehen und günstig sein muss. In unseren Kreisen gibt es deshalb eine spezielle Terrassenkarte, die den ganzen Zauber, den derselbe Gastronom im Innenbereich kreiert, durch praktische und langweilige Gerichte zunichtemacht. Am furchtbarsten ist es, wenn auf der Terrasse gegrillt wird. Um wenigstens ein wenig Umsatz zu generieren, werden Fleisch- und Fischgerichte vom Gas- oder Holzkohlegrill angeboten. Diese Gar-

methode eignet sich so gut wie gar nicht für die Gastronomie und nur begrenzt im privaten Bereich, wenn es kulinarisch wertvoll sein soll. Warum das so ist, ist schnell erklärt. Wenn man im à la carte-Service einer Außengastronomie Fleisch vom Grill servieren möchte, wäre der richtige Weg der Zubereitung das An- grillen auf der heißesten Stelle und das Ruhenlassen auf einer warmen Stelle des Grills. Die Grills in unseren Breiten sind aber nicht dafür gebaut. Hier ist Grillen kein kulinarisches Spektakel allerhöchster Güte, sondern eine gesellige Zubereitung von Speisen zwecks preiswerter Sätti- gung. Genau dafür sind unsere mitteleu- ropäischen Grills gebaut. Was passiert eigentlich, wenn man ein 200 Gramm schweres Fleischstück auf den heißen Grill legt? – Binnen kürzester Zeit wiegt es nur noch 160 Gramm. Die 40 Gramm, die zischend verdampft sind, waren genau der Teil, der das Stück Fleisch schmackhaft (Fett) und saftig (Wasser)

gemacht hätte – wäre es auf vernünftige Art und Weise zubereitet worden. Anders ist es hingegen in den USA. Dort findet das Grillen nicht über dem Feuer statt. In einem Gerät, das an eine Dampf- lokomotive erinnert, wird das Fleisch nur kurz angegrillt und dann in einem dem Feuerkasten angeschlossenen Raum für mehrere Stunden bei sehr niedriger Tem- peratur nachgegart. Die Temperatur in diesem Garraum ist selten über 80 Grad Celsius und hängt ein wenig von dem Zeitfenster ab, in dem die Speise serviert werden soll. Die Amerikaner nennen diese Grills „Smoker", da man den Spei- sen im Garraum unter Zuhilfenahme nas- ser Holzspäne, die man auf das Feuer wirft, in der Wärmekammer noch ein zusätzliches Raucharoma verleihen kann. Da diese Smoker aus sehr dickem Metall gebaut werden, bleibt die Temperatur im Innenraum konstant. Somit gelten hier dieselben Gesetze wie beim Niedrigtem- peraturgaren in der Avantgardeküche. Der große Unterschied, der aus der Out- door- eine High-Class-Outdoor Gastrono-

mie macht, ist wieder das Ergebnis auf dem Teller. Ein Fleischstück von 200 Gramm wiegt nach drei Stunden im Smoker noch immer etwa 190 Gramm. Es ist saftig und zartrosa von Rand zu Rand. Dabei wurde das Eiweiß gebunden und die „Englisch- Medium-Well-Done"-Problematik er- übrigt sich. Für den, der sein Fleisch unbedingt ganz durch haben will, kann man es problemlos im Feuerkasten nach- garen. Gott sei Dank halten diese amerikani- schen Barbecue-Öfen, mit denen man mit indirekter Hitze grillt, auch bei uns ihren Einzug, selbst wenn sie für uns noch immer gewöhnungsbedürftige Namen wie „Mollie" oder „Cactus Jack" tragen. Sie können aber aufgrund der hervorra- genden Qualität, die sie speisetechnisch hervorbringen, zu einem echten Mega- trend werden. Zumal die Vorberei- tungsmöglichkeiten, die ein Gastronom mit so einem Gerät hat, nahezu perfekt sind. Auch für Hobbyköche werden schon kleinere Geräte angeboten, die qualita- tiv nicht schlechter sind, sondern einfach nur kleinere Ausmaße haben.

INHALT

IMPRESSUM

Autoren: Ralf Bos, Sybille Kärcher

Herausgeber:
Edition Port Culinaire

Produktion:
Ruhl Studios, Köln

Fotografie, Typografie:
Thomas Ruhl

Art Direction:
Petra Gril

Lektorat:
Bianca Killmann
www.brustkeule.de

© 2008 Fackelträger Verlag GmbH, Köln
Alle Rechte vorbehalten

ISBN 978-3-7716-4386-7
www.fackeltraeger-verlag.de

Ruhl Studios / Edition Port Culinaire
Werderstraße 21
50672 Köln
Tel. 0221 / 56 95 94 0
www.ruhl-studios.de
info@ruhl-studios.de

BOS FOOD GmbH
Grünstr. 24c
40667 Meerbusch
Tel. 02132 /139-0
www.bosfood.de
service@bosfood.de

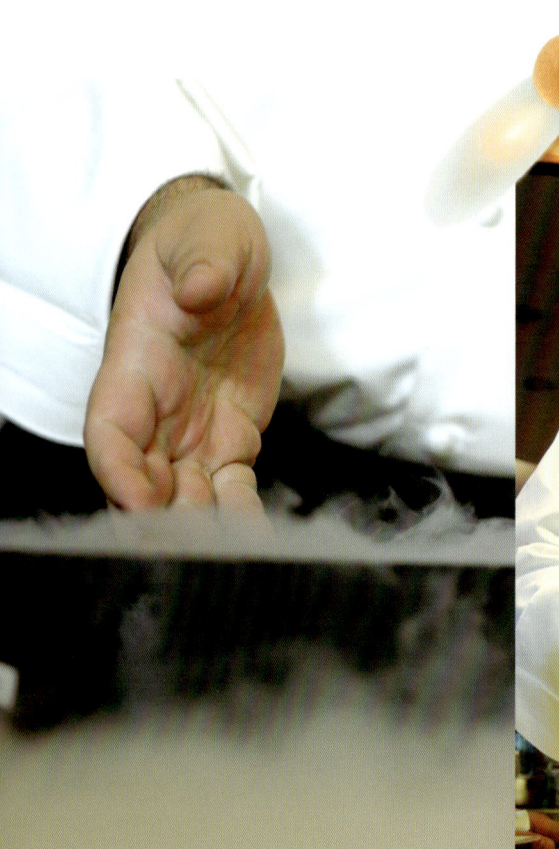

DIE GEBURT
EINES STERNS

Traditionelle Küche überholt

Ausgerechnet in Spanien steht die Wiege der molekularen Küche. In dem Land, das lange Zeit nicht unbedingt durch kulinarische Genüsse der ersten Güte von sich reden machte. Natürlich gab es in Spanien auch vor der molekularen Revolution gutes Essen. Das steht außer Frage. Doch die Küche war auffällig traditionell geprägt und landschaftlich heterogen. Es wurden ausschließlich die Zutaten in den Küchen der professionellen Gastronomie verarbeitet, die seit jeher ein fester Bestandteil des iberischen Speiseplans waren: Fisch, Meeresfrüchte, Fleisch, Olivenöl und Gemüse. Die Produkte waren frisch, kamen sie doch von den Märkten und aus den Häfen des Landes. Aber es gab wenig Neues zu bejubeln in den Speisesälen dieser Nation, denn die Zubereitungen waren immer die gleichen.

La Nouvelle Cuisine

In diese behäbige, konservative Küchenkultur drang in den 70er Jahren des vergangenen Jahrhunderts die Nachricht von einer neuen Art zu kochen, die Michel Guérard in Frankreich propagierte. Guérard arbeitete damals in Paris auf eine Weise, die bis dato in der französischen Küche kein Interesse gefunden hatte. Aus Schwer machte er Leicht. Gesund sollte das Essen wieder sein. Keine mächtigen, mehlgebundenen Soßen und deftigen Fleischgerichte standen auf seiner Karte, sondern gedämpftes Gemüse, Salate mit leichten Vinaigrettes und gedünsteter Fisch. Die Opulenz der traditionellen französischen Küche fand auf den minutiös angerichteten, vitaminreichen Tellern der Nouvelle Cuisine ein jähes Ende.

DIE ANFÄNGE DER MOLEKULAREN KÜCHE

La Cocina Casera Nueva

Unter den spanischen Köchen fand diese neue, französische Art zu kochen großen Anklang, ohne dass sie jedoch einfach kopierten, was sie bei den nördlichen Nachbarn an Neuem gesehen hatten. Vielmehr ging es den kontemporären iberischen Köchen wie Arzak, Roteta, Castillo oder Irizar, um nur einige zu nennen, darum, die Ideen der Nouvelle Cuisine aufzunehmen, zu verarbeiten und in Bezug auf die traditionelle, spanische Küche neu zu interpretieren. Diese Entwicklung der späten 70er Jahre trat in Spanien eine ungeahnte Lawine der kulinarischen Veränderungen los, deren Momentum nicht mehr aufzuhalten war. Spaniens Köche fanden immer neue Wege, die eigene kulinarische Welt neu zu definieren. Unter anderem geschah dies mit der „Küche der Aromen" in den 80er Jahren, die durch eine gekonnte

Reminiszenz an die mediterrane Verwurzelung der spanischen Küche erinnerte – um nur einen der Trends zu nennen, die die spanische Kochkunst in dieser Zeit durchlebte.

Die neue baskische Küche

Ein großer spanischer Koch, der der molekularen Küche der Gegenwart den Weg bereitete, war und ist Juan Mari Arzak, der Mann, der die neue baskische Küche ins Leben rief. Auf Frische bedacht und mit viel Experimentierfreude wurde hier gekocht: Frische Nudeln, ungewöhnliche geschmackliche Zusammenstellungen von Salzigem und Süßem, sowie Gelees in allen Formen und Geschmacksrichtungen hielten Einzug in die Küche des Baskenlandes. Die spanischen Spitzenrestaurants begannen zu boomen, wo sie

vorher ein Schattendasein geführt hatten – was nicht zuletzt dem einsetzenden wirtschaftlichen Aufschwung der späten 80er Jahre zu verdanken war. Und zwischen 1985 und 1990 erhielten die ersten iberischen Restaurants jene Michelin-Sterne, die in der Gastronomie weltweit die höchste Kunst auszeichnen. Dann kam die Krise und die spanische Gastronomie erlebte eine ihrer schwersten Stunden. Einer der Lösungsansätze des Problems, den viele spanische Köche in dieser Situation wählten, war die Rückkehr zur traditionellen und regionalen Küche mit einem modernen Touch. Man wollte die Gäste, die man mit kapriziösen Menüs und hohen Preisen vertrieben hatte, wieder in die Restaurants der Nation zurückbringen. Und einer von ihnen sollte Gastronomiegeschichte schreiben ...

Ferran Adrià

Es wird langsam Zeit, den Mann ins Spiel zu bringen, dessen Name mit der molekularen Küche verwoben ist wie kein anderer: Ferran Adrià. Zu Beginn der 90er Jahre begann er mit seinem Restaurant elBulli bei Roses an der Costa Brava, das er bereits seit 1984 als Küchenchef leitete, vermehrt die Aufmerksamkeit seiner Landsleute zu erregen. Eigentlich hatte Adrià Wirtschaftswissenschaften studiert. Doch er ist einer der Glücklichen, die ihre Berufung früh genug erkannten. Er brach sein Studium ab und

heuerte, zunächst als Tellerwäscher, in der Gastronomie an. Das Kochen hat er nie formell gelernt, sondern sich alles, was er über Technik, Zubereitungen, Geschmack und Aromen weiß, selbst beigebracht. Bis zu Beginn der 90er Jahre war Adrià allerdings ein Koch unter vielen. Ein guter, zugegebenermaßen, aber einer, der wie die meisten seiner spanischen Kollegen eine eher unspektakuläre Mittelmeerküche kochte.

Neue Ufer

Das sollte sich innerhalb eines Jahrzehnts grundsätzlich wandeln. Er arbeitete hart und erhielt 1997 für seine Mühen den dritten Michelin-Stern. Die professionellen Küchen Spaniens entdeckten immer mehr den Einsatz technischer Geräte für ihre Zwecke, die vormals der Industrie oder dem Laborbetrieb vorbehalten waren. Ungefährliche Lebensmittelzusatzstoffe wurden für die Zubereitung von Gerichten benutzt. Adrià war bei alledem immer an vorderster Front der Forschung. 1997 eröffnete er sein Kochlabor und Forschungsrefugium el-

EIN NEUER TREND

Bulli taller in Barcelona, wo er seither die sechs Monate des Jahres, die sein Restaurant an der Costa Brava geschlossen bleibt, an neuen Menüs tüftelt. Ihm kommt der Verdienst zu, die molekulare Küche als Pionier in der Haute Cuisine etabliert zu haben. Unermüdlich sprach Adrià in dieser Sache auf gastronomischen Foren, Kongressen und Konferenzen über Algin, Sous-vide-Bäder und Schäume, diskutierte mit Wissenschaftlern, Gastrokritikern und fachsimpelte

mit Kollegen. Heute gilt er nicht nur als der beste Koch weltweit, sondern vielmehr auch als der Meister seiner Zunft, der die molekulare Küche zu dem gemacht hat, was sie derzeit ist: nicht nur ein flüchtiger Trend, sondern eine Richtung des Kochens, die nach der größtmöglichen Verbesserung von Geschmack,

Konsistenz und Genuss für den Gast strebt. Adriàs Botschaft blieb nicht ungehört. Längst ist seine avangardistische Art zu kochen kein zartes Pflänzchen mehr, das nur auf spanischem Boden gedeiht, sondern treibt bereits in zweiter Generation in den internationalen Küchen der Spitzengastronomie immer neue Blüten.

Paco Roncero besuchte zum zweiten Mal Deutschland und rückte dabei das Bild der molekularen Küche gerade.

Paco ist nicht nur der Meisterschüler Ferran Adriàs, sondern auch der innovativste Koch Spaniens. Diesen Titel holte er sich 2005. Im Jahr zuvor richtete er mit Adrià die Hochzeit des spanischen Thronfolgers aus. Nebenher leitet er das Restaurant „La Terraza" im Casino von Madrid (ein Michelin-Stern), schreibt hochgeschätzte, professionelle Küchensoftware, moderne Kochbücher, ist Werbeikone für die spanische Küchenindustrie und gilt weltweit als die Institution für die Molekularküche schlechthin.

Er ist der Praktiker, am Herd und in der Küche, der jährlich 100.000 molekular angehauchte Menüs zubereitet. Während Ferran Adrià mit Organisation und PR seinen Tag verbringt, ist es Paco Roncero, der die molekularen Techniken und Texturas im Tagesgeschäft auf Herz und Nieren prüft, an ihnen feilt und sie verbessert. Er ist der Mann, von dem Köche die Techniken unter Realbedingungen lernen können.

Nicht nur deshalb sind Workshops und Schulungen mit ihm ausgebucht, noch bevor Termine oder Preise dafür veröffentlicht werden, wie jüngst in Deutschland geschehen.

Begonnen hat der Paco Roncero-Hype in Deutschland im Sommer 2006. Mario Lohninger aus dem Cocoon Club in Frankfurt machte eine Schulung bei Paco in Madrid. Paco bemerkte sofort, dass Mario ein Ausnahmetalent ist. Seine Sensibilität im Umgang mit Lebensmitteln beeindruckte Paco nachhaltig.

Der Einblick in die molekulare Küche beeindruckte Mario wiederum so stark, dass er sich für sein Restaurant Silk im Cocoon Club einen Event mit Paco und seiner Molekularküche wünschte. Da die Chemie stimmte, verabredeten sich Paco und Mario pünktlich zum zweiten Geburtstag des Restaurants Silk in Frankfurt und kochten dort unter dem Motto „Zwei sind wir!" ein denkwürdiges Menü an zwei Tagen. Ein großer Teil der Gäste waren Küchenchefs und Gastronomen der Top-Szene. Auch Enologos- und Bos

gastronomie, waren dort und erlebten einen Quantensprung der Molekularküche.

Während in den Köpfen der Gäste noch die alten Kamellen der Molekularküche der ersten Generation geisterten, wie etwa 30-gängige Menüs, die nur aus Schaum, Luft und Pulver bestanden und als Höhepunkt einen mit Orangenduft gefüllten Luftballon servierten, lernte man hier die zweite Generation kennen. Ein unwiderstehlich schmackhaftes, fast klassisches Menü mit Hummer und Taube, die in eine erstaunliche Folge von molekularen Genüssen eingebaut bzw. eingebettet waren. Diese Kreationen ließen niemanden kalt und das diffuse Bild der Molekulargastronomie wurde schon ein wenig gerade gerückt.

Genau wie ihnen ging und geht es den deutschen Gastronomen. Sie wissen, dass es Molekulargastronomie gibt, und sie wissen, dass sie sehr viel Anklang in den Medien findet. Marc Veyrat bekam für sein Restaurant vom Gault Millau als erstes und einziges Haus auf der Welt die Idealnote 20 (von 20 Punkten). Heston Blumenthal wurde mit seinem „The Fat Duck" zum zweitbesten Restaurant der Welt gewählt. Ein Engländer! In England! Und das beste Restaurant der Welt wurde, natürlich, das elBulli von Ferran Adrià. Allesamt Molekularköche. Es muss also was dran sein an den neuen Techniken und den neuen Konsistenzen.

Andererseits hört man so viele Ungereimtheiten. Menüs ohne richtige Konsistenz, die komplett mit einem Strohhalm und einem Löffel gegessen werden können, ohne Fisch und ohne Fleisch. Die Kellner müssen die Speisen erklären, wie der Sommelier den Wein. Alles wird irgendwie geliert oder verflüssigt oder pulverisiert. Ein Spektakel mit flüssigem Stickstoff, der in Sekundenschnelle alles zu Eis macht.

Aber wie geht das und warum, und was kommt dabei heraus? Kaum einer hat ein klares Bild von dem, was dahinter steckt. Selbst diejenigen, die das Menü im elBulli miterlebt haben, sind sich nicht ganz sicher.

Nicht, dass das elBulli nicht gut ist, ganz im Gegenteil. Es ist zu gut. Es ist ein Event wie das „Witzigmann Bajazzo", nur ohne Artisten. 50 Köche kochen für 50 Gäste ein absolut irrwitziges Menü, das allerdings auch nur dort funktioniert. Dort geht es nicht um ein Abendessen, sondern um Kunst. Kunst auf dem Teller und Kunst in der Küche. Da werden solche kleinbürgerlichen Anforderungen wie Sättigung und Fleischeslust hinten angestellt. Man geht ja auch nicht ins Weinmuseum, um sich zu betrinken.

Dass es auch anders geht, bewies Paco den Deutschen im Silk. Und er muss wissen, wie es geht. Denn in seinem Restaurant in Madrid essen jeden Abend 60 Gäste das molekulare Menü, das jedoch von nur 12 und nicht von 50 Köchen zubereitet wird.

Paco ist ein klassischer Koch und trotz seiner eindeutigen Stellung als Molekularkoch verleugnet er dies nie. In seinem Restaurant gehören Steinbutt, Hummer, Meeresfrüchte und Steinpilze, je nach Saison, unbedingt auf den Tisch. Auch wenn ihm der elBulli-Partyservice noch heute untersteht, hält er die substanzarmen Menüs seines Chefs für, sagen wir mal, verwegen.

Paco ist ein Genie und er hat an den zwei Abenden im Sommer 2006 im Restaurant Silk zusammen mit Mario Lohninger alle Zweifler verzaubert. Sie wollten mehr und wollten wissen, wie das geht. Auch die Leute von Bos Food und von Enologos haben diese Stimmung gespürt und versucht, mit Paco eine Befriedigung dieser Bedürfnisse zu finden.

Die Lösung war der Workshop. Ein Workshop-Angebot von Bos Food und Enologos mit Paco Roncero für die deutschen Spitzenköche. Zum Glück ist Paco nicht nur ein Genie, sondern auch noch ein Pfundskerl, was die Sache schon etwas einfacher machte. Bos Food und Enologos kümmerten sich um die Locations und um die Teilnehmer. Dies war nicht schwer, denn bereits bei den Anfragen nach geeigneten Locations fanden sich mehr Interessenten, als der Kurs Platz hatte.

DER MOLEKULATOR

Paco Roncero und der Zauber der Texturas.

Man einigte sich auf eine Süd-Nord-Strecke, in einer Woche quer durch Deutschland. An sechs Standorten richtete sich das Workshop-Team allmorgendlich in den Küchen ein: bei Dallmayr in München, auf der Bühlerhöhe in Baden-Baden, im Cocoon Club in Frankfurt, im Bliss in Essen, im Restaurant Süllberg in Hamburg und im Restaurant VAU in Berlin.

Die Teilnehmer waren allesamt Köche und Küchenchefs der gehobenen Gastronomie. Die Teilnehmerzahl wurde auf 15 Personen pro Kurs begrenzt. Trotzdem waren bei kaum einer Veranstaltung weniger als zehn Michelin-Sterne vor Ort. Bei den täglichen Begrüßungsgesprächen wurde es deutlich: Alle waren durchgehend sehr neugierig und keinesfalls nur positiv der Sache gegenüber eingestellt. Manchmal hatte man das Gefühl, sie wünschten sich, dass sich dieser ganze Molekularkram als fauler Zauber enttarnen würde. Gleichzeitig wäre man aber auch froh, wenn es etwas ganz Tolles wäre. Man war sozusagen hin und her gerissen.

In einer Hinsicht wurden alle Teilnehmer enttäuscht: Es war kein fauler Zauber. Auf der anderen Seite wurden die Erwartungen mehr als übertroffen. Bereits wenige Minuten nach Kursbeginn deutete sich an, dass dieser Kurs nicht als eine weitere Erfahrung auf dem Lebensweg der teilnehmenden Köche abzuhaken sein würde, sondern dass er als ein ganz neuer Denkansatz die weitere berufliche Zukunft verändern würde. Die natürlichen physikalischen und die ethischen Grenzen, die den Einsatz gesundheitsgefährdender Chemikalien in der Küche verbieten, werden hier außer Kraft gesetzt. Statt mit schädlichen Chemikalien wird hier mit Algenauszügen gearbeitet, die der Gesundheit in letzter Konsequenz sogar dienlich sind. Die Mittel – die Texturas – mit denen gearbeitet wird, sind der Reihe nach fast zu 100 Prozent geschmacksneutral. Die Dosierungen sind so minimal, dass man eine Waage benötigt, die im zweistelligen Bereich hinter dem Komma arbeitet. Und das im Grammbereich.

Die Kombination aus Temperatur, Zeit, Geschwindigkeit und Texturas lässt Kreationen von einer geschmacklichen Dichte und Intensität zu, die man vor der molekularen Küche nur durch Zugabe von viel Fett und Zucker annähernd erreichen konnte. Hier ist dies aber ohne Fett und Zucker möglich, wenn man will. Verschiedene Techniken brachten die Köche bereits während des Kurses zum Träumen, obwohl fast komplett auf Gewürze und Aromen verzichtet wurde. Denn der Sinn des Workshops war es nicht, die Rezepte von Paco Roncero nachzukochen, sondern die Techniken zu lernen. Auf diese aufbauend, sollte jeder Koch seine eigene Kreativität spielen lassen. Hier ging es um Learning by Doing. Schon allein die Haptik und das Mouthfeeling einiger Kreationen lösten in den Köpfen der Köche Kettenreaktionen aus. Paco freute sich über die vielen ernst gemeinten Fragen und Anregungen zur Weiterentwicklung seiner eigenen Kreationen.

Die nachhaltigsten Aha-Erlebnisse an jedem Workshoptag boten wohl die sphärischen Produkte bei der Verkostung. Da explodierten die Aromen im Mund.

Hierzu wird ein beliebiges Lebensmittel verflüssigt. Im Workshop waren es Oliven oder Mozzarellakäse. Danach wird dem Oliven- oder Mozzarellasaft ein wenig Calziumchlorid zugegeben. Diese Flüssigkeit wird dann mit einem halbkugelförmigen Löffel in ein Alginatbad gegeben. Das Calzium und das Alginat gehen eine Verbindung ein und bilden eine Sphäre, also eine sehr dünne Haut um die Flüssigkeit. Die in eine Kugelform gebrachte Flüssigkeit lässt sich mit einem Sieblöffel aus dem Alginatbad entnehmen. Diesen Vorgang nennt man „umgekehrte Sphärifikation". Das Ergebnis ist eine sphärische Olive oder eine sphärische Mozzarellakugel. Was die Köche an dieser Textur so kribbelig machte, ist nicht nur die Tatsache, dass diese Olive oder diese Mozzarellakugel regelrecht im Mund explodieren, wenn man sie mit der Zunge gegen den Gaumen drückt und damit in Bruchteilen einer Sekunde alle Geschmacksknospen der Zunge und des Gaumens berührt

werden. Vielmehr faszinierte auch die Möglichkeit, diese sphärische Olive oder den Mozzarella quasi von innen heraus zu würzen. All die Aromen, die vorher nur schwer und von außen an der Olive haften blieben und nur durch Kauen mit dem Fruchtfleisch der Olive vermischt werden konnten, können nun im Vorfeld gemischt und explosionsartig freigesetzt werden. Die Belohnung mit der flüssigen Füllung bleibt aber nicht nur den Oliven und dem Mozzarella vorbehalten. Es bleibt hier dem Einfallsreichtum des Koches überlassen, was er gerne sphärifizieren und wie er es würzen möchte. Das Erlebnis ist vorprogrammiert. Ob es der Kaviar aus Melonensaft oder die Perle aus klarem Tomatensaft mit aromatisiertem Olivenöl ist, der Kreativität sind bei dieser Technik keine Grenzen gesetzt.

Eines der Lieblingslebensmittel von Paco Roncero ist mit Sicherheit das Olivenöl. Dem Thema Olivenöl widmete er einen beträchtlichen Teil des Workshops. Paco hat in einer Querverkostung nicht weniger als 1.500 verschiedene Olivenöle aus aller Welt verglichen und untersucht, um das für ihn beste und vor allen Dingen funktionierende Olivenöl zu finden. Das Ergebnis erstaunt nicht: Es ist ein spanisches Öl. Der Produzent Valderrama baut die vier Olivensorten Arbequina, Hojiblanca, Picudo und Ocal separat aus und jede Sorte passt zu einem anderen Gericht. Zusätzlich gibt es eine Cuvée aus allen vier Sorten, die heißt dann Grand Cru.

Das ist aber nicht das Besondere an den Ölen von Valderrama – andere Produzenten bieten ebenfalls sortenreine Olivenöle an. Selbst, dass alle Öle naturtrüb und geschmacklich perfekt und fehlerfrei sind, ist noch nicht einzigartig. Das Einzigartige ist die gleichbleibende Qualität über viele Monate nach der Abfüllung.

SPHÄREN

ARTIFICIAL?

Diese erreicht José Valderrama, der zwar aussieht wie ein kauziger Olivenbauer, aber in Wirklichkeit ein in die Jahre gekommener, spanischer Softwaremogul ist. Auf seiner mit 75.000 Olivenbäumen bepflanzten Hazienda hat er mehrere Olivenmühlen der neuesten Generation so platziert, dass keine Mühle mehr als zehn Minuten vom weitesten Baum entfernt ist. Gesteuert durch eine professionelle Software aus eigenem Hause vergehen zwischen der Olivenernte und dem Moment, in dem das erste Öl daraus gewonnen wird, nie mehr als 45 Minuten. Genau das ist der neuralgische Punkt bei fast allen anderen Olivenölproduzenten. Ich weiß genau, wovon ich hier schreibe, denn seit über 15 Jahren spielt Olivenöl eine große Rolle in meinem beruflichen Alltag. Das Problem des Qualitätsverlustes durch beginnende Fermentation nach der Ernte und der Veränderung des Geschmacks nach dem Abfüllen stehen in direktem Zusammenhang.

Valderrama hat dieses Problem durch modernste Technik und eine einzigartige Software gelöst. So schmeckt das Hoji-blanca-Öl nicht nur nach dem Abfüllen nach Strauchtomate, sondern auch noch, wenn es ein Jahr in der Flasche war. Diese Öle also benutzte Paco in seinem Workshop und nicht etwa als Bestandteil eines Salatdressings. Er benutzte sie so, wie man es von einem Molekularkoch erwartet: Er veränderte ihre Textur. Um seinen persönlichen Vorlieben gerecht zu werden, entwickelte er aus Olivenöl eine Butter. Denn er sieht den Vorteil der Konsistenz von Butter auf dem Tisch. Ein mit Butter bestrichenes Brot ist praktischer als ein in Olivenöl getunktes Brot. Da er als Südeuropäer aber dem Geschmack von Butter nichts abgewinnen kann, bietet er seinen Gästen und den Teilnehmern des Workshops eine Butter aus Kakaobutter und Olivenöl an.

Hierzu benutzte er einen handelsüblichen Zauberstab. Dieser Stabmixer gehört wie der Sieblöffel und die Feinstwaage zur Grundausstattung der molekularen Küche. Der Thermomix ist ein weiteres, unverzichtbares Gerät. Mit dessen Hilfe verwandelte Paco das Olivenöl mit ein wenig Zucker zuerst in Honig (wirklich köstlich) und dann in zarte Gummibärchen, die mit Zucker paniert und mit Vitamin C bestreut selbst den kritischsten Koch geschmacklich überzeugt haben. Doch das war nur Geplänkel im Vergleich zu dem, was noch alles kam.

Am spektakulärsten war mit Sicherheit die Abteilung „flüssiger Stickstoff". Als Hauptbestandteil unserer Atemluft ist Stickstoff absolut unbedenklich und ungefährlich. Einzig die Temperatur mahnt zur Vorsicht. Im flüssigen Zustand liegt sie bei minus 190 Grad Celsius. Wenn man da nicht aufpasst, kann es schon mal zu Erfrierungen auf Hand und Zunge kommen. Der Ratschlag, 190 Grad kalten Stickstoff wie 190 Grad heißes Fett zu behandeln, ist also nicht allzu weit hergeholt.

Die Zubereitung von Speisen in oder mit flüssigem Stickstoff ist auf jeden Fall immer ein Ereignis. Im Restaurant von Paco werden Lollis aus Schokolade und gefrorenem Olivenöl gereicht, die sich nur mit flüssigem Stickstoff herstellen lassen.

Orangen- und Grapefruitfilets oder Himbeeren werden in wenigen Sekunden ultratief gefroren und danach mit beherztem Druck in Hunderte kleine Tropfen gesprengt, die nach dem Auftauen weder an Farbe, noch an Geschmack verloren haben. Lediglich die Konsistenz ist erstaunlich. Die kleinsten Teile des Orangensegments, Stück für Stück separiert: ein Traum für Soßen und Dressings ...

Crèmes und Espumas wurden für kurze Zeit ins Stickstoffbad gegeben und mit dem Sieblöffel wieder herausgefischt. Die Konsistenz der gefrorenen Hülle war frei von Eiskristallen und der flüssige Inhalt ein weiteres Mal eine wahre Belohnung. Etwas humorvoller ging es bei dem Schaum aus Orangensaft, Olivenöl und einer Spur Lecithin zu. Dieser Schaum wird nicht zu Unrecht „Drachenöl" genannt. Wenn man ihn in Stickstoff gefriert und danach mit dem Speichel im Mund in Berührung kommt, entsteht eine dermaßen starke und spontane Dampfentwicklung, dass dieser Dampf unwillkürlich durch die Nase entweicht. Es sieht aus, als säßen Feuer speiende Drachen am Tisch. Deshalb also Drachenöl.

Wahre Euphorie kam bei den Profiköchen auf, als sie die Resultate der Methylcellulose-Textur sahen. Methylcellulose verhält sich theoretisch genau wie Gelatine – nur umgekehrt. Während Gelatine Flüssigkeiten bei Kälte geliert und sich diese bei Wärme wieder verflüssigen, geliert Methylcellulose die Flüssigkeiten bei Wärme und bei Kälte löst sich die Mischung wieder auf. Eindrucksvolle Beispiele waren der vollkommen mehl- und stärkefreie Nudelteig aus Methylcellulose und Olivenöl, der in eine große Injektionsspritze eingefüllt und aus dieser in eine heiße Brühe gespritzt wurde. Die Mischung gelierte sofort und so entstand in sekundenschnelle eine extralange Sobanudel im warmen Dashi-Sud.

Fast zeitgleich spielten sich vor dem inneren Auge der Köche Szenarien ab, die in der Realität aus einer banalen Vorsuppe eine Attraktion machen. Nämlich, wenn man die Brühe und die Spritze getrennt serviert und die Einlage vor den Augen des Gastes herstellt oder gar den Gast seine Nudel selbst machen lässt. Noch dramatischer mutete die Herstellung von Pralinen mit warmer Füllung mit Hilfe von Methylcellulose an. Hierzu benötigt man eine Füllung, die bei Hitze schmilzt. Im süßen Bereich wäre das instinktiv Schokolade. Jedoch auch mit Gelatine gebundene Fruchtmarks böten sich an. Im herzhaften Bereich wären es ebenfalls mit Gelatine gebundene Suppen und Soßen, die im kalten Zustand geleeartig sind und sich in Würfel schneiden lassen.

Für den Herstellungsvorgang muss nur eine passende Flüssigkeit mit Methylcellulose vermischt werden und einige Stunden ruhen. Bei Zimmertemperatur nimmt diese Flüssigkeit die Konsistenz von Tapetenkleister an. Damit werden Boden und Wände einer kleinen Form dick eingestrichen. Darin wird dann die gelierte Füllung eingelegt und diese wiederum mit der Methylcellulosemasse bestrichen. Die Form wird im Backofen, im Kombi- oder Bambusdämpfer oder unter dem Salamander erwärmt. In derselben Geschwindigkeit, in der sich der Kern verflüssigt, festigt sich die Umhüllung und heraus kommt eine warme Praline mit einer heißen, flüssigen Füllung, die herzhaft oder süß schmeckt.

Wenn die sphärischen Produkte schon für Geschmacksexplosionen im Mund sorgen, potenziert sich diese Attraktion im warmen Bereich. Jeder Koch kennt Desserts wie den heißen Schokokuchen mit der flüssigen Schokofüllung. Hier lässt sich erahnen, was mit den neuen Texturen der molekularen Küche alles möglich ist. Vorurteile sind inzwischen wie weggeblasen. Niemand bleibt unberührt und selbst Küchenbullen mit vierzig Jahren Berufserfahrung wird klar, dass die Texturas und die Techniken der molekularen Küche in wenigen Jahren genauso selbstverständlich in den Küchen ambitionierter Köche zuhause sein werden, wie es heute das Zitronengras, der Wan-Tan-Teig und der Bambusdämpfer aus der asiatischen Küche sind. Paco hat quasi die Türen zum Einstieg in die molekulare Küche aufgestoßen. Die Teilnehmer werden diese offenen Türen nicht mehr schließen, sondern sie weiter öffnen. In Spanien ist ein Grund für die enorme Popularität dieser modernen Küchentechnik die Tatsache, dass die spanischen Molekularköche ihr Wissen und ihre Entwicklungen nicht für sich behalten, sondern sehr freizügig damit umgehen. Wenn ein spanischer Molekularkoch etwas Neues entdeckt oder entwickelt, teilt er es über Internet oder E-Mail seinen Kollegen mit. Dadurch ist die Entwicklung unglaublich rasant. Die deutschen Köche sollten diesem Beispiel nacheifern und von der Verbreitung des Wissens profitieren. Nur so wird aus dem Nachläufer ein Vorreiter.

In Spanien ist man über die Wortschöpfung „Molekularküche" recht unglücklich, weil sie an der wahren Identität vorbei geht. Schließlich ist jede Küche molekular. Man benutzt ihn in Ermangelung eines besseren Begriffs. Viele Köche hierzulande leiden sogar unter dem Begriff, da man ihn hier oft mit Ferran Adrià, dem Vater der Molekularküche, gleichsetzt und jeden Molekularkoch damit automatisch zum Zweitverwerter abstempelt. Das ist zwar völliger Unfug, aber leider gängige Praxis, besonders bei der schreibenden Zunft.

Juan Amador, von seinen Gästen gefeiert, wurde von der deutschen Presse regelmäßig abgewatscht. Und das, obwohl er zu den Pionieren der deutschen Molekularküche gehört. Er bekam unlängst den dritten Michelin-Stern verliehen. Die höchste Ehre, die einem Koch widerfahren kann. Er hat sich auf die Avantgardeküche eingelassen und ist in ihr aufgegangen. Der Lohn gebührt ihm zurecht.

COLD SMOKE

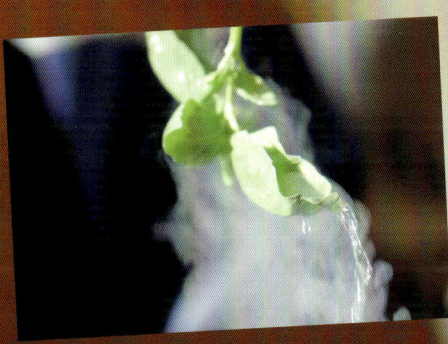

Es wurde klar und deutlich gemacht, dass molekulare Küche etwas Gutes und Wichtiges ist. Wir haben aber noch nicht geklärt, was molekulare Küche eigentlich ist. Sicher werden wir hier und heute auch keine umfassende und endgültige Erklärung dafür finden. Jedoch werden wir einige Missverständnisse aus dem Weg räumen, die dieser revolutionären Küche und damit dem Gast im Restaurant und dem Hobbykoch, der eigentlich davon nur profitieren kann, im Weg stehen.

Zuerst einmal der Begriff: Molekularküche. Er ist dieser Neuausrichtung der Küche nicht verliehen worden, vielmehr hat er sich aus Ermangelung eines besseren Namens selbst kreiert und unglaublich schnell verbreitet. Dennoch, diese Bezeichnung wird dem Wesen und den Möglichkeiten dieser Küche nicht gerecht. Besonders die Spanier leiden sehr stark darunter, da molekular in Spanien etwa so bedeutungsschwanger ist, wie bei uns Radioaktivität. Viele haben sich den Kopf zerbrochen und dieser Küchenrichtung andere Namen verliehen. Die setzten sich aber einfach nicht durch. Einer davon war Küchenalchemie. Hierdurch wurden aus Köchen Alchimisten, und das ist gar nicht mal so falsch. Auch die Alchimisten haben die Textur verschiedener Materialien verändert. Leider haben sie durch den Versuch, Blei in Gold zu verwandeln, der ihnen bekanntlich nie gelungen ist, geschichtlich einen eher zweifelhaften Ruf erlangt. Daher ist es vielleicht ganz gut für die Köche, dass sich dieser Name nicht durchgesetzt hat. Ein weiterer Name, der mir viel sympathischer ist, lautet Avantgardeküche. Meine Sympathie mag daher rühren, dass für mich die Worte Avantgardemusik, Avantgardemode und Avantgardekunst ebenfalls positiv besetzt sind. Das trifft sicher nicht auf alle Leute zu. Viele halten diese Mode-, Kunst- und Musikrichtung ausschließlich spleenigen Spinnern für zugänglich. Ich für meinen Teil werde, nicht zuletzt mit diesem Buch, weiter an einer positiv behafteten Verbreitung des Begriffs Avantgardeküche arbeiten.

Das Hauptproblem an dem Namen Molekularküche ist für mich, dass die riesige Bandbreite dieser Küchenrichtung beschränkt wird, und zwar auf wenige effekthascherische und erstaunliche Gags, die nur einen Bruchteil der eigentlichen Möglichkeiten ausmachen.

Wenn wir schon über die Bandbreite sprechen: Wo fängt molekulare Küche an und wo hört sie auf? Bei der Bezeichnung Avantgardeküche ist es einfach. Alle Techniken und Resultate, die vor der Avantgardeküche noch nicht möglich oder erfunden waren und jetzt genutzt werden, sind Avantgardeküche. Punkt. Wenn es aber Molekularküche heißt, erwartet man etwas Spektakuläres.

Viele Beispiele weniger spektakulärer Techniken mit aussagekräftigen Resultaten sind hier erwähnenswert. Wie bereits anfangs erwähnt, fallen mir sofort die Garzeiten ein. Seit einigen Jahren ist es modern, Fisch und Fleisch ewig langen Garzeiten bei geringen Temperaturen zu unterziehen, um sie ganz zart und saftig auf den Teller zu bringen. Die ersten Molekularköche garten ihren Lachs in Ermangelung eines besseren Kochgerätes vakuumverpackt in der Spülmaschine. Heute gibt es in fast jeder besseren Küche den Hold-O-Maten für extralange Garzeiten von Fleisch. Garzeiten von 60 bis 72 Stunden bei 50 Grad Celsius sind keine Seltenheit mehr. Für Fisch hat man ein Thermostat mit einer Durchlaufpumpe auf den Markt gebracht, das das Wasser in einem großen Kochtopf nicht nur exakt auf Temperatur, sondern zudem noch in Bewegung hält. So wird der Lachs aus der Spülmaschine zur Perfektion gebracht.

Aber sind die langen Garzeiten wirklich ein Bestandteil der molekularen Küche? Ich sage ganz entschieden: JA. Sicher wird der eine oder andere Leser jahrhundertealte Kochrezepte, bei denen man das Fleisch über Nacht in der heißen Asche ruhen lässt oder tagelang in erkaltenden Erdfeuerstellen eingräbt, hervorholen. Aber es geht in der molekularen Küche nicht darum, dass alles neu erfunden wurde, sondern eher darum,

Techniken und Methoden, die der Gastronomie bisher nicht möglich waren, nun zugänglich zu machen.

Die Texturgeber, also die Pulver, die die Texturen der Speisen verändern und verwandeln sollen, sind auch nicht von den Pionieren der Molekularküche erfunden worden. Sie wurden zuvor zwar für Lebensmittel in der Produktion entwickelt und eingesetzt. Dies geschah jedoch nicht in der Gastronomie, sondern in der Industrie. Dort wurden sie in der Regel auch nicht zum Hervorheben der Qualität bestimmter Speisen genutzt, sondern meist zum Schminken oder Überdecken der Qualitätsmängel, die die industrielle Herstellung von Lebensmitteln mit sich bringt. Wenn diese Stoffe ein minderwertiges Lebensmittel ansehnlich und genießbar machen, dann müssen sie ein Top-Produkt in eine Sensation verwandeln.

Und hier nähern wir uns ganz langsam des Pudels Kern: Molekularköche sind nicht die Ingenieure der Formel 1-Teams, sondern das Team in der Boxengasse. Und bei der Formel 1 ist Tuning nicht verpönt, sondern Voraussetzung. Einer der vielen Gründe, warum ich ein großer Anhänger der molekularen Küche bin, ist meine Grundeinstellung zum Kochen und zum Beruf des Koches im Allgemeinen. Nach meiner Philosophie sollte es das zentrale Anliegen des Koches sein, ein möglichst perfektes Produkt herzustellen. Wenn es also für einen Koch die Möglichkeit gibt, sein Produkt zu verbessern, dann sollte er diese nutzen. Mit der Molekularküche wird dem interessierten Koch ein ganzer Blumenstrauß voller Hilfsmittel und Techniken an die Hand gegeben. Sie nicht zu nutzen, halte ich für verschwenderisch. Ein weiterer Punkt ist, dass ich in meiner Situation als semiprofessioneller Gast schon viele Menüs gegessen habe, die einfach besser hätten sein können. Im Vergleich dazu war ich schon mehrfach von molekularen Bestandteilen wirklich verblüfft und dermaßen positiv überrascht, dass ich eine besondere Sensibilität dafür entwickelt habe. Von einigen dieser Begegnungen möchte ich Ihnen berichten.

DIE BEGRIFFLICHKEIT

Meine erste Begegnung war nur ansatzweise molekular. Dies war bei der Ehrung der Berliner Meisterköche im Jahr 2001. Neben Matthias Buchholz, Karlheinz Hauser, Michael Hoffmann, Thomas Kammeier, Kolja Kleeberg und Paul Urchs, die in diesem Jahr zu Berliner Meisterköchen gekürt wurden und für ein fulminantes Menü zu sorgen hatten, wurde 2001 auch zum ersten Mal der Aufsteiger des Jahres gekürt. Dieser junge und bis dahin unbekannte Koch hieß Ralf Zacherl. Seine Aufgabe war es, während des Champagnerempfangs im Berliner InterConti, die Häppchen in Form von Fingerfood zu produzieren. Eines dieser Amuse Bouches war eine Currywurst mit Pommes à la Ralf Zacherl. Hierzu wurde ein Stück Wurst und ein Stück frittierte Kartoffel auf einen Holzspieß gesteckt und dieser in ein Reagenzglas mit Currysuppe gehängt. Das Reagenzglas wiederum wurde in einem laborüblichen Reagenzglashalter für zwölf Gläser serviert.

Bei diesem Gang war zwar nur die Darreichungsform molekular, aber schon das hat gereicht, um aus dieser guten und mutigen Idee ein Gesprächsthema für den ganzen Abend zu machen. Stellen Sie sich vor: Sechs Köche von Weltruhm kochen ein umwerfendes 6-Gang-Menü, Eckhard Witzigman hält die Laudatio auf Karlheinz Hauser und nach dem Dessert lädt Hans-Peter Wodarz mit seinem Pomp Duck and Circumstance-Artistenteam zu einer unvergesslichen Afterdinnerparty ein. Auf der Bühne die Musiker der Zirkusdinnershow und als Spontaneinlage Kolja Kleeberg am Mikrofon. Trotz dieses denkwürdigen Programms wurde von Beginn bis zum Ende der Veranstaltung am frühen Morgen über ein Thema immer und immer wieder gesprochen: die Currywurst von Ralf Zacherl.

Ein Jahr später wurde Ralf Zacherl zum Berliner Meisterkoch gekürt und eine bis dahin in Deutschland noch nie dagewesene TV-Kochkarriere nahm ihren Anfang. Ich will nicht behaupten, dass das an der Currywurst lag, aber es lag mit Sicherheit daran, dass Ralf allen neuen Techniken gegenüber immer aufgeschlossen war. Er hat das Servieren in Reagenzgläsern sicher nicht erfunden, aber den Vorteil dieser Art des Fingerfood-Services erkannt. Und er hatte nicht diese alberne Angst, nur Zweitverwerter zu sein. Dem Gast ist es vollkommen egal, ob der Koch einen Schweinebraten zubereitet oder erfunden hat. Hauptsache, der Schweinebraten ist gut.

Im selben Jahr hatte ich die bereits erwähnte und weitaus prägendere Begegnung mit der molekularen Küche. In Frankfurt fand ein Lehrgang zum Thema „Espumas" statt. Der Referent war ein gewisser Ferran Adrià aus Spanien, der dort wohl ein hochdotiertes Restaurant betrieb.

Außerdem soll er die Düse des iSi Sahnespenders angeblich so manipuliert haben, dass auch festere und leicht faserige Flüssigkeiten wie Kartoffelpüree und Orangensaft damit aufgeschäumt werden konnten. Espuma, zu Deutsch Schaum, war wohl das erste sich verselbstständigende Kleinod der molekularen Küche. Einfach in der Herstellung und mannigfaltig in den Rezepturen ist zudem der erzielte Effekt extrem hoch. So verbreiteten sich Espumas in Windeseile weltweit und verschafften dem Sahnebläser eine bis dahin ungeahnte Renaissance.

Neue und aufregende Espumas und deren Herstellung vom Meister persönlich – genau dafür fuhr ich nach Frankfurt und lernte Ferran Adrià kennen. Anders als angekündigt, ging es in diesem Lehrgang weniger um Espumas, sondern mehr oder weniger um die molekulare Küche an sich. Um sie den Lehrgangsteilnehmern vorzustellen, hatte Ferran einen einstündigen Diavortrag über sein Restaurant elBulli vorbereitet. Während dieses Vortrags saßen 25 professionelle Köche mit offenen Mündern im Vortragsraum. Ich war einer von ihnen. Am Nachmittag, als die Veranstaltung zu Ende war, bekam ich die Gelegenheit, mit Ferran unter vier Augen zu sprechen. Seit diesem Gespräch war mir klar: Die Zukunft der gehobenen Gastronomie ist molekular.

In den folgenden Jahren hatte ich etliche Begegnungen mit der molekularen Küche. Die meisten liefen nach einem immer wiederkehrenden Muster ab. Eine dagegen unerwartete Begegnung mit der Molekularküche fand im Restaurant La Table im Casino Hohensyburg bei Dortmund statt. Ich hatte schon einmal dort gegessen und der Küchenchef, Thomas Bühner, hatte mich bei meinem ersten Besuch bereits so positiv mit seiner klassischen Küche beeindruckt, dass ich mich ein Jahr später über die Einladung eines Geschäftsfreundes dorthin sehr freute.

BREEZE

Wir saßen an einem Zweiertisch in dem bis auf den letzten Platz besetzten Restaurant. Man konnte aus zwei klassischen Menüs wählen und wir stellten uns daraus eine uns gefällige Speisefolge zusammen. Eigentlich waren wir nicht wegen des Essens gekommen, sondern um wichtige Gespräche zu führen. Das Restaurant und das Essen sollten nur den entsprechenden Rahmen bilden. Mein Gastgeber, ebenfalls ein absoluter Lebensmittelprofi, hatte auch schon etliche hundert hochkarätige Menüs genossen und war sich sicher, von einem noch so guten Dinner nicht aus dem Konzept gebracht zu werden. An diesem Abend servierte man zwischen jedem klassischen Gang ein kleines, molekulares Schmankerl. Mal einen Trinkhalm, gefüllt mit Kaviar aus Zitronengras, mal einen Löffel voller Zuckerwatte aus Ahornzucker. So ging es weiter, Gang für Gang.

Am Ende des Abends mussten wir feststellen, dass wir so gut wie keinen Satz über das angedachte Thema verloren hatten. Stattdessen hatten wir den ganzen Abend über die Geschmacksexplosionen der kleinen Grüße aus der Küche und über das Menü und dessen außergewöhnliche Güte gesprochen. An den Tischen um uns herum war es nicht anders. Es war ein unvergesslicher Abend und in den zwei Jahren, die folgten, avancierte Thomas Bühner zu einem der höchstgeehrten Köche Deutschlands.

Eine weitere, unauslöschliche Erinnerung habe ich wiederum an eine Ehrung der Berliner Meisterköche. Allerdings 2005. Diesmal hieß der Aufsteiger des Jahres Cristiano Rienzner. Es war mir schon vorher zu Ohren gekommen, dass Cristiano Rienzner tatsächlich ein Schüler Ferran Adriàs war und die progressivste Molekularküche Berlins kochte. Durch eine Modernisierung des Ablaufs der Veranstaltung musste der Aufsteiger des Jahres in diesem Jahr nicht für die Häppchen beim Empfang, sondern den ersten ordentlichen Gang des Menüs sorgen. Ich war sehr gespannt, zumal in diesem Jahr auch Tim Raue vom Restaurant 44 im Swissotel Berlin zum Berliner Meisterkoch geehrt wurde. Tim Raue ist nämlich ebenfalls für seinen progressiven und sehr individuellen Kochstil bekannt.

Als ich endlich erwartungsfroh am Tisch saß und die Menükarte in den Händen hielt, war ich mit einem Schlag sehr enttäuscht. Die Vorspeise von Cristiano Rienzner hörte sich so absurd und überkandidelt an, dass mir fast der Appetit verging: „Ponte Ostriche Austern auf Kaffee mit weißer Schokolade und Krokant von schwarzen Oliven". Das war nicht das, was ich mir unter molekularer Küche vorstellte. Das hörte sich eher an wie der krampfhafte Versuch, kreativ zu sein, ohne Rücksicht auf Verluste. In den letzten Jahren habe ich viele Sachen probieren müssen, die nicht gemacht worden waren, weil sie gut schmecken, sondern nur, weil sie möglich sind und sie noch niemand vorher gemacht hatte. Gegen diese Kreationen à la Tomatenkonfitüre mit Vanille hatte ich mittlerweile eine Aversion entwickelt. Die Kreation von Cristiano Rienzner las sich, als würde sie genau in diese Klasse gehören. „Sehr schade", dachte ich und schrieb diese molekulare Erfahrung im Geiste schon als meine erste negative ab. Irgendwie war ich richtig sauer auf Cristiano. Er hatte die Möglichkeit, eine Lanze für die Molekularküche zu brechen und machte so einen Kinderkram.

Wenige Minuten später sollte sich herausstellen, wie sehr ich mich getäuscht hatte. Der Gang wurde serviert. Ich probierte die Austern mit langen Zähnen. Da passierte es. Ich schwöre, ich habe in meinem Leben schon Hunderte von Austern gegessen, gute und schlechte, warme und kalte, gegarte und rohe, aber so etwas Köstliches noch nie. Dieser Gang war eine Sensation und als mein Teller leer war, verlangten wir nach mehr. Ich saß an einem Achtertisch mit Leuten, die ich kaum kannte und rechnete mir aus: Maximal jeder zweite isst überhaupt Austern, also müssten mindestens vier Teller an unserem Tisch unberührt bleiben. Und auch, wenn das sonst nicht meine Art ist, ich würde über meinen Schatten springen und einem der Besitzer dieser unberührten Teller denselben mit einem lustigen Spruch abschwatzen. Ich blickte in die Runde, alle Teller waren tatsächlich leer. Gibt's doch gar nicht. Immer, wenn es Austern im Menü gibt, werden mir als Austernliebhaber von allen Seiten die Austern zugeschoben. Nun, wo ich mich darüber gefreut hätte, hatten alle ihre Austern selbst gegessen. Ich tat meine Verwunderung darüber kund und erfuhr von meinen Mitstreitern, dass drei Leute tatsächlich zum ersten Mal in ihrem Leben Austern gegessen hatten und auch nur deshalb, weil ihre Tischnachbarn so davon geschwärmt hatten. Alle drei fanden es köstlich. Das widersprach all meinen bisherigen Erfahrungen. Immer, wenn ich jemanden zum Austernprobieren überredete, war die Reaktion maximal ein: „Naja, gar nicht so schlimm, wie ich dachte", aber ein „Köstlich", hatte ich noch nie vernommen.

Nicht umsonst gehört Cristiano Rienzner in seinem Restaurant Maremoto in Berlin heute zu den beiden besten und bedeutendsten Molekularköchen Deutschlands. Das alles waren Beispiele aus der Zeit, in der nur wenige Eingeweihte wussten, dass es so etwas wie Molekularküche überhaupt gibt. Oft war es für die Gäste ihre allererste Begegnung mit Kreationen aus der molekularen Küche.

Lieber Cristiano, für diese Austern danke ich dir in dreierlei Hinsicht. Zum Ersten dafür, dass du mutig genug warst, diesen heiklen Gang für 400 Leute zu kochen und damit 400 Gästen die Molekularküche näher gebracht hast. Zweitens, für die wohl beste Auster meines Lebens und die Tatsache, dass ich seit diesem Abend modernen Kreationen noch aufgeschlossener gegenüber stehe als ohnehin schon. Und drittens, dass du an diesem Abend fast 100 Leuten die erste Auster ihres Lebens beschert hast und diese sicher auch in Zukunft gerne mal eine Auster essen werden.

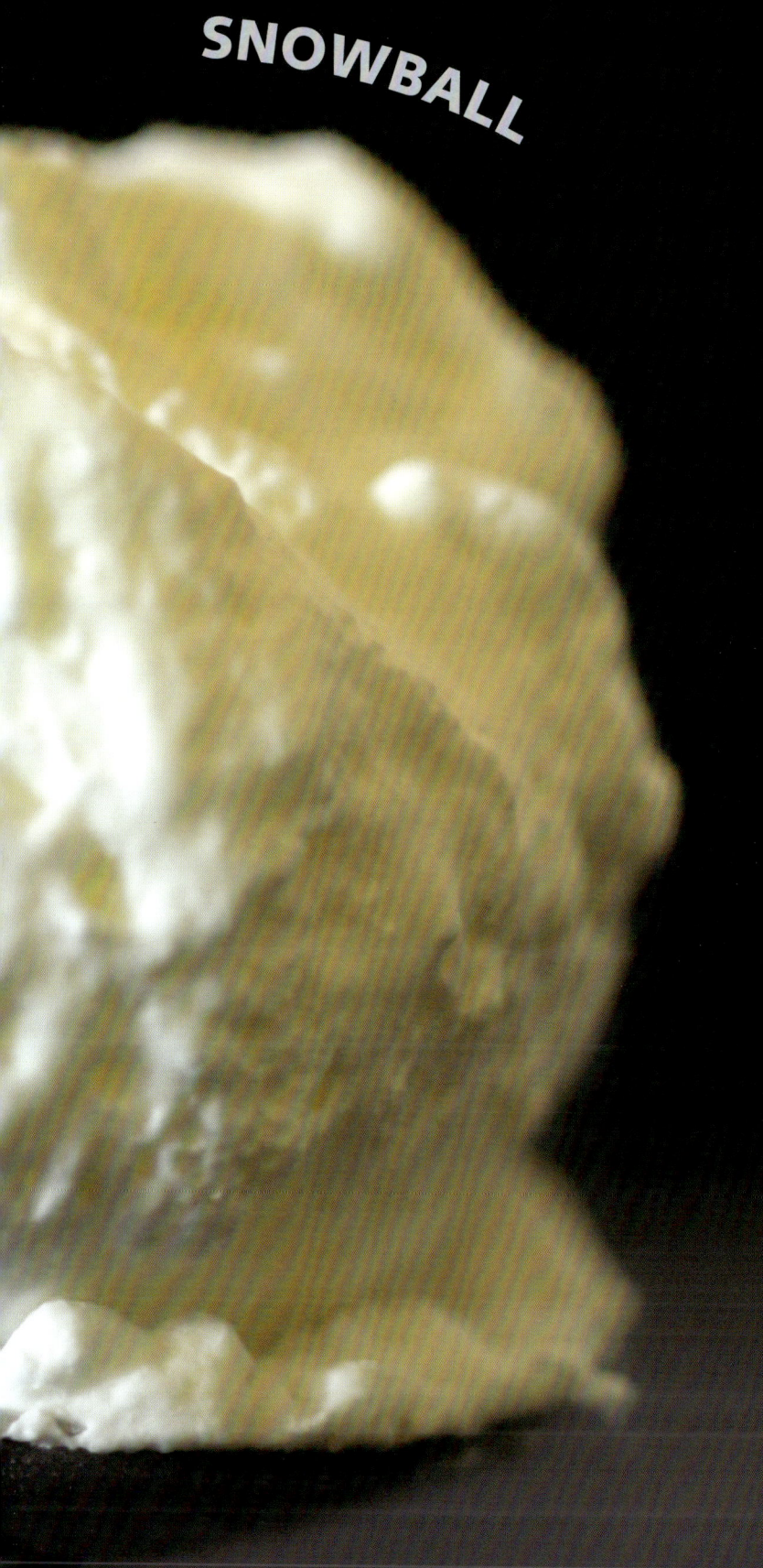

SNOWBALL

Heute sind molekulare Techniken in der gehobenen Gastronomie omnipräsent und viele Köche fürchten, dass der Reiz, der von diesen Techniken ausgeht, sich mit der Zeit abnutzt. Darüber sollte man nicht nachdenken. Nehmen wir das Spiegelei. Der besondere Gag beim Spiegelei ist die Tatsache, dass das Eigelb flüssig bleibt. Das war es auch schon vor 150 Jahren und ich weigere mich zu glauben, dass das Spiegelei trotz seiner langen Existenz oder seiner einfachen Verfügbarkeit irgendetwas von seiner Attraktivität verloren hat. Das Spiegelei ist von Natur aus so perfekt, dass Molekularköche es erfinden müssten, wenn es nicht schon existieren würde. Die Technik, eine wohlschmeckende Speise mit flüssigem Inhalt und einer weichen Hülle entstehen zu lassen, ist nicht umsonst DER Botschafter der Molekularküche. Sicher werden in naher Zukunft Restaurantkritiker über die inflationäre Verbreitung der Molekularküche jammern, aber das gehört sowieso zu ihrem Beruf. Kritik haben sie auch schon bei der Nouvelle Cuisine, bei der Euro-Asiatischen Küche, bei Caipirinha und bei Crème brûlée geübt. Diese kulinarischen Entwicklungen haben sich verbreitet, weil sie gut waren und noch immer ist Caipirinha der beliebteste Cocktail und die Crème brûlée das beliebteste Dessert in der Gastronomie. Was gut ist, entscheidet der Gast, nicht der Kritiker.

Aber nach allem, was wir bisher über Molekularküche gelesen und gelernt haben, muss dennoch ganz klar und deutlich zum Ausdruck gebracht werden, dass die molekulare Küche keine Rettungsleine für einen untergehenden Gastronomiebetrieb sein kann. Den wird die molekulare Küche auch nicht retten. Vielmehr hegt sie den Anspruch, noch intensiver und gründlicher befolgt zu werden als die klassische Küche. Um dieses zu unterstreichen, möchte ich mein Küchenvorbild Eckard Witzigmann zitieren: „Jeder Effekt muss sitzen, Effekthascherei ist sträflich."

Ralf Bos

SK: Herr Amador, wenn ich richtig informiert bin, dann waren Sie einer der Köche, die sich gegen das Wort „Molekularküche" ausgesprochen haben. Ist das richtig?

JA: Ja, natürlich, das tue ich täglich, weil das Wort per se schon falsch ist. Denn eigentlich ist jede Hausfrau auch eine Molekularköchin. Und das wird alles immer nur auf diese Effekte reduziert. Wenn man einen Durchschnittsbürger fragt, was er sich unter Molekularküche vorstellt, dann sagt er: Ach, das ist doch das mit dem Stickstoff. Das ist schade, dass das noch keiner aufgeklärt hat und da sehr viel gefährliches Halbwissen umher geht. Deswegen wehre ich mich gegen diesen Begriff. Eigentlich sind wir alle normale Köche, die eine klassische Ausbildung haben, die auch ganz wichtig ist. Basierend auf dieser Ausbildung befassen wir uns mit neuen Techniken und neuen Erkenntnissen. Das ist eine ganz normale Evolution der Küche. Die Neandertaler waren übrigens die ersten Molekularköche, nur mal am Rande.

SK: Das müssen Sie jetzt erklären.

JA: Das sind molekulare Prozesse, wenn man ein Feuer macht. Ich weiß nicht, ob die ein Mammut gegrillt haben, aber letztendlich bewegen und verändern sich bei jedem Kochprozess Moleküle. Es ist Molekularküche, ein Spiegelei zu machen, ein Ei zu kochen – es bewegen sich Moleküle.

SK: Was wäre ein besserer Ausdruck für Molekularküche?

JA: Ich weiß nicht. Ich habe ja auch kein besseres Wort. Aus Spanien kam jetzt der Begriff techno emocional. Technisch ist diese Küche ja per se und dann auch emotional, was eigentlich jede Küche sein sollte. Also nicht nur technisch, sondern die Gäste auch bewegen oder berühren oder fesseln für einen gewissen Zeitraum. Avantgardeküche sagen andere. Ich weiß es nicht, das ist schwierig.

SK: Was macht die Avantgardeküche aus, wenn wir uns auf diesen Begriff einigen?

JA: Ja, sehr gerne. Die Avantgardeküche beschäftigt sich definitiv mit neuen Techniken, die unter anderem durch Ferran Adrià in der ganzen Welt verbreitet werden. Jetzt ist natürlich auch Ferran Adrià kein Genie aus der Richtung Chemie oder Bio-Chemie, sondern er ist ein Koch. Aber er hat durch seine Kontakte zur Lebensmittelindustrie, zu Chemikern und Lebensmitteltechnologen ganz andere Voraussetzungen gehabt. Er hat sich einfach mit dem Thema befasst: Was passiert da überhaupt. Und gewisse Substanzen, die wir heute aus dem Texturas-Baukasten kennen, gibt es in der Lebensmittelindustrie bereits seit, ich sage mal, 20 Jahren. Die ganzen verschiedenen Algensorten, die unterschiedliche Gelierfähigkeiten haben, die gibt es ja schon länger. Ein anderer Aspekt: Die Teller-Performance. Der ganze Menüablauf hat sich verändert. Alles verändert sich: Die Autos sehen heute anders aus, die Architektur. Die Dinge entwickeln sich. Genauso entwickelt sich die Küche. Allein diese bösen Worte „Sättigungsbeilage" oder „Hauptgang", die gibt es bei uns nicht mehr. Diese alten Riesenportionen, die haben bestimmt auch ihre Berechtigung in gewissen Etablissements, aber bestimmt nicht in Restaurants, die das Ziel haben, ihre Gäste für ein paar Stunden abzulenken und mal etwas anderes zu machen, als einfach nur die Gäste satt zu machen. Wir wollen nicht nur mit einem Teller glänzen, oder mit zweien oder dreien. Das ist eine Inszenierung über den Abend. Es geht los mit den Kleinigkeiten, da ist viel Emotion, viel Überraschung dabei, natürlich auch Technik. Aber primär steht das Produkt im Mittelpunkt, und das wird jede gute Küche so handhaben. Das Produkt ist das A und O. Daran muss sich jede Küche auch messen lassen. Heute reden wir schon von der Klassik. Das ist aber die Moderne von damals. Also wird die Moderne von heute, die Klassik von morgen sein. Dann gibt es wieder etwas Neues. Wer weiß, was da kommt, aber es wird mit Sicherheit wieder etwas Neues kommen.

SK: Könnten Sie sich vorstellen, dass die Avantgardeküche eine Eintagsfliege ist?

JA: Definitiv nicht. Das hätten natürlich viele Leute gerne, die sehr traditionell denken. Das wird sie aber definitiv nicht sein. Die Nouvelle Cuisine wurde damals auch belächelt. Da sprach man über Ikebana auf dem Teller und Schischi und Schnick-Schnack. Und das ist heute die traditionelle Küche, die sich dann wiederum gegen die Avantgardeküche stellt. Wir reden ja nicht davon, dass die eine die andere Küche ersetzt oder auslöscht, sondern davon, dass beide parallel ihre Berechtigung haben. Ich denke, dass wir die neusten Erkenntnisse und die neusten Gartechniken anwenden sollten, sonst entwickeln wir uns ja nicht. Bei jedem Auto erwarten wir, dass es weiterentwickelt wird, warum sollte sich die Küche nicht entwickeln?

SK: Sie sind in Deutschland geboren, aber Sie haben spanische Wurzeln. Ist es richtig, dass Sie auch schon bei Ferran Adrià gekocht haben?

JA: Nein, das stimmt nicht. Ich war als Koch da, aber habe dort nicht gekocht. Das wird immer wieder falsch berichtet. Ich habe bei ihm nie gearbeitet. Aber jeder intelligente Koch kann Gerichte lesen, wenn er essen geht. Dafür muss man nicht in der Küche arbeiten. Man nimmt Eindrücke mit, beschäftigt sich damit und sucht Hintergrundinformationen. Und dann versucht man das in die eigene Entwicklung mit einzubauen. Ich war das erste Mal bei Ferran Adrià, das ist schon zwölf Jahre her. Da kannte ihn noch keiner. Das hat mich damals tief beeindruckt. Seitdem war ich bestimmt schon achtmal dort. Ich habe das große Glück, dass ich immer einen Tisch kriege (lacht). Für mich ist er international einer der ganz wenigen Stars. Der hat so viel zu tun. Dann hat er ja auch außerhalb seines Restaurants noch so viele Verträge … aber jedes Mal, wenn ich im elBulli essen war, war er da.

SK: Als Sie vor zwölf Jahren bei Adrià essen waren, war das der Moment, in dem Sie anfingen, sich für diese Art der Küche zu interessieren?

JA: Ich habe mich vorher schon mit der spanischen bzw. mit der katalanischen Küche beschäftigt und habe versucht, das umzusetzen. Aber als ich dann bei ihm war, ich meine wir hatten einen Stern und 17 Punkte, ich war kein Azubi, aber da bin ich aufgestanden und habe mir gesagt: Ich kann nicht kochen. Wir haben keine Ahnung von der Gastronomie. Null. Es gibt natürlich die Menschen, die sagen, das sei alles Firlefanz und das sei alles Quatsch, das, was wir machen sei Gastronomie. Oder man kann eben anders denken. Und für mich war ganz klar: Das ist die Zukunft. Allein die Präsentation, die Geschmacksvielfalt, natürlich auch die Effekte, sprich Technik, die Produkte und der Wille, alle Regeln beiseite zu schieben und etwas Eigenes zu machen! Das hat mich damals extrem beeindruckt. Das hat mein Denken in der Küche bzw. Richtung Küche komplett gedreht.

SK: Ist er für Sie ein Vorbild.

JA: Jeder erfolgreiche Koch ist für mich ein Vorbild. Es geht ja nicht nur um's Kochen. Man ist ja auch Unternehmer. Ducasse ist für mich auch ein Vorbild. Was der auf die Beine gebracht hat. Joel Robuchon, Vongerichten ... Auch Adrià ist für mich ein Vorbild. Aber nicht so, dass ich mich nur an ihm orientiere oder ihn gar kopiere. Das auf keinen Fall, aber ich respektiere ihn und das, was er tut. Er hat für die Küche Enormes geleistet. Das werden wir wahrscheinlich erst in fünf Jahren kapieren, was er überhaupt alles geleistet hat.

SK: Können Sie uns Ihre Art des Kochens erklären?

JA: Schwierig ... das ist ein Prozess. Das, was wir machen, ist ein Projekt. Wir haben hier vor ein paar Jahren angefangen, da haben alle schon gewettet, wahrscheinlich auch gehofft, dass wir bald wieder zumachen. Wir sind heute

immer noch da, weil wir relativ radikal waren. Wir haben gesagt, wir machen unser eigenes Ding, es ist uns vollkommen egal, was die anderen denken. Wir müssen damit zufrieden sein und sehen, dass wir die Leute nach Langen bringen. Ich will so kochen, wie ich kochen möchte und nicht, wie meine Gäste denken, dass

DIE AVANT-GARDE VON DAMALS IST DIE KLASSIK VON MORGEN

ich zu kochen habe. Das ist ganz wichtig. Dass wir damit so erfolgreich sind, das ist vielleicht auch Glück. Ich weiß es nicht. Ich behaupte, dass wir zur richtigen Zeit am richtigen Ort waren. Vor zehn Jahren wäre dies im Michelin unmöglich gewesen. Unabhängig davon gab es so etwas vor zehn Jahren auch nicht. Meine Basis ist auf jeden Fall die klassische, französische Küche, das ist ganz wichtig. Primär geht es um Geschmack und um das Produkt. Und dann geht es um sehr viel Technik, nicht nur reduziert auf das Essen, auch die Darbietung. Die Architektur eines Gerichtes ist ganz wichtig, die ganze Teller-Performance, das ganz Menü, diese Spannung zu halten und die Leute zwi-

schendurch auch mal zu verblüffen, nicht um sie zu verblüffen, sondern um sie daran zu erinnern, wo sie eigentlich sind: im Restaurant. Das ist wie ein Event, wie wenn man in die Oper oder ins Theater geht. Man sollte das nicht einfach nur als Nahrungsaufnahme ansehen, finde ich. Ich denke, wir haben einen eigenen

Kochstil, eine eigene Richtung, die sich die nächsten Jahre auch noch entwickeln wird. Die Basis ist klassisch, die Umsetzung modern. Wir nehmen uns auch der Klassiker an. Ob das jetzt „Pfirsich Melba" oder „Strammer Max" ist. Das sind Geschmäcker, die kennt jeder. Die setzen wir aber dank neuer Techniken komplett anders um.

SK: Wie sieht ihr „Pfirsich Melba" aus?

JA: Der kann pulverisiert sein. Wichtig ist, dass man die Basis kennt und weiß, was ein „Pfirsich Melba" überhaupt ist. Das ist

JUAN AMADOR

nämlich auch ein Phänomen der Zirkus-Molekularköche, wie ich sie nenne. Die durch die Landen ziehen, irgendwo etwas aufgeschnappt haben und das Ganze nur auf die Effekte reduzieren. Wichtig ist, dass man den Geschmack kennt, dass man das Gericht kennt, dass man es so kochen kann, dass es schmeckt. Dann kann man erst die Textur verändern. Vorher nicht. Und nicht vorher die Textur verändern und sagen, das ist aber lustig. Es muss schmecken! Ein „Strammer Max" zum Beispiel, das ist Schwarzbrot, Spiegelei, Schinken. Kennt jeder. Da pochieren wir ein Wachtelei, sodass das Eigelb noch flüssig ist, wickeln es in Brot ein und braten es. Den Schinkengeschmack bekommen wir durch ein Sniff. Das heißt, wir haben da ein Gelee, einen Schinkenfond und ein bisschen Holzkohleöl. Das zieht der Gast durch ein Röhrchen. Das ist nicht nur Effekthascherei: Der Geschmack entfaltet sich ganz anders. Es ist ein Unterschied, ob Sie etwas trinken, mit dem Löffel essen oder durch einen Strohhalm trinken. Beim Sniff entsteht ein Spray-Effekt im Mund und der Schinkengeschmack bleibt viel länger haften am Gaumen. Und wenn Sie dann das Ei dazu essen, haben Sie einen „Strammen Max" im Mund, obwohl er komplett anders aussieht.

SK: Ich würde gerne noch mal nach Spanien zurückgehen. Da gab es doch einen Kleinkrieg zwischen den beiden

Kollegen Santamaria und Adrià, weil Erster Letzteren angriff und als Nestbeschmutzer beschimpfte. Was denken Sie darüber?

JA: Ich respektiere beide und ich finde es großartig, was jeder von ihnen leistet. Santamaria war hier zum Essen. Leider vor diesem Eklat. Sonst hätte ich ihn gerne mal dazu befragt. Das ist meiner Meinung nach Kindergarten. Vielleicht ist es auch ein bisschen Neid. Oder vielleicht war es tatsächlich ein bisschen Marketing, um sein Buch besser zu verkaufen. Ich weiß es nicht. Fakt ist, dass es totaler Quatsch ist, weil man auch nachgewiesen hat, dass selbst Santamaria gewisse Substanzen in seinen Rezepten verwendet. Und jeder, der heute etwas über die so genannten Molekularköche sagt, sollte zuerst überlegen, was er selbst alles in seiner Küche stehen hat. Ich glaube, dass die meisten Nitritpökelsalz verwenden, in ihre Kartoffeln „Hako weiß", sprich Schwefel, hinein geben, von Trüffelöl wollen wir gar nicht reden. Das ist Chemie pur und viel schlimmer als Agar-Agar, Gellan oder wie sie alle heißen. Das täuscht nämlich irgend etwas vor, was es gar nicht ist. Wenn man mit den Texturas

arbeitet, darf man den Primärgeschmack nicht vergessen. Da kann man ja nichts tricksen, das ist ja nur ein Bindemittel. Und Trüffelöl ist im Endeffekt eine Lüge an den Gast. Von gewissen Glutamatdingen und Soßenpulvern mal ganz abgesehen. Da könnte ich Ihnen Geschichten erzählen. Die Leute sollen erst einmal vor ihrer eigenen Haustüre kehren, bevor sie mit gefährlichen Halbwissen an die Öffentlichkeit gehen. Es gab in Deutschland mal einen Artikel von einem Herrn Zipprick. Wenn dieser Herr alle anklagt und beim Namen nennt, dann muss er sich als Journalist auch mal gefallen lassen, dass man ihn auch beim Namen nennt. Das war die Krönung an gefährlichem Halbwissen. Der hat da alles grundsätzlich verteufelt, gesundheitsschädlich, extrem bedenklich, führt zu Durchfall, und was auch immer er da geschrieben hat. Ich finde, damit hat er sich keinen Gefallen getan. In meinen Augen ist er kein guter Journalist, weil er da nicht tief recherchiert hat. Und vor allem sehr einseitig recherchiert hat. Da bin ich der Meinung, solche Leute sollten lieber über Blumen oder Bäume berichten, aber nicht über die Küche und schon gar nicht über die Molekularküche. In meinen Augen haben solche Leute absolut keine Ahnung. Gott sei Dank, wurde das von der Seite der Wissenschaft dann auch mal richtig gestellt, und es wurde bewiesen, dass es nicht gesundheits-

schädlich ist. Und damit fühle ich mich sehr bestätigt. Journalisten sollten auch nicht vergessen, dass sie eine gewisse Verantwortung haben. Der Durchschnittsbürger, der das dann liest, der sagt: Um Gottes Willen, da kann man ja nicht hingehen. Das ist schlechter Journalismus, das muss man auch mal erwähnen.

SK: Ist Ihnen das schon öfter passiert, dass Sie Leute angegriffen haben, auch persönlich?

JA: Ich? Persönlich lasse ich mich schon lange nicht mehr angreifen. Man muss mal verstehen, dass Kritik, egal von welchem Guide oder aus welcher Richtung sehr subjektiv ist. Es gibt keine objektive Kritik, das geht nicht. Wenn man das einmal kapiert hat, dann ist man da sehr gelassen. Mich persönlich angreifen kann keiner. Konstruktive Kritik ist immer wichtig. Aber ich finde es nicht gut, wenn jemand eine Sache angreift, ohne sich richtig damit beschäftigt zu haben. Ich würde mir nie anmaßen, Buch- oder Sportkritik zu schreiben. Davon habe ich keine Ahnung, also lasse ich das. Wenn schon, dann beschäftige ich mich damit. Aber ich kann nicht wahllos irgendwo etwas reinschreiben, weil ich irgendwo etwas gelesen habe. Deswegen fühle ich mich da auch nicht persönlich angegriffen.

SK: Journalisten schreiben für eine breite Masse. Ist die Avantgardeküche überhaupt etwas für den Hausgebrauch von Laien?

JA: Also grundsätzlich ist es sehr einfach, einen Liter Saft zu nehmen und vier bis sechs Gramm Alginat einzumischen. Das kann man alles nachvollziehen. Kein Problem. Aber das bleibt dann auch bei diesem Effekt hängen. Viel wichtiger ist aber die ganze Inszenierung, vom ersten bis zum letzten Teller, Löffel, Glas, was auch immer. Da ist das Wichtigste, dass da eine Philosophie hinter steckt und nicht nur ein Gericht. Das kann man schon zu hause nachkochen, warum nicht. Vielleicht auch seinen Gästen etwas servieren und zwischendurch einen Aha-Effekt bringen, warum nicht.

SK: Es wird nicht das gleiche Ergebnis sein wie im Restaurant.

JA: Nein, aber das ist in der klassischen Küche ja auch nicht so. Da ist viel Logistik dabei, viel Arbeit, viele Hände. Das kann eine Hausfrau zu Hause nicht umsetzen, was wir hier mit zehn bis zwölf Mann machen. Die Produkte sind da, man bekommt die Bücher. Es ist möglich, das nachzuvollziehen, aber nicht diese ganze Inszenierung, diese ganze Performance. Das wäre ja auch blöd, dann müssten wir alle unsere Restaurants zumachen.

SK: Wie sieht die Zukunft der Avantgardeküche oder Ihrer Avantgardeküche aus?

JA: Ich denke, dass in der Lebensmitteltechnik schon fast alles vorliegt. Es geht jetzt primär um die Kultivierung, dass man sich ein eigenes Profil macht. So ein Restaurant, das bedeutet ja nicht nur Essen. Da geht es ja schon los mit Equipment, mit Geschirr, Besteck, das man vielleicht entwickelt, um gewisse Geschichten noch hervorzuheben. Ein Restaurant ist ja auch viel Service, denn wenn man so arbeitet wie wir, dann hat man natürlich Erklärungsbedarf dem Gast gegenüber. Das ist sehr viel Kommunikation. Das gilt es einfach weiter zu entwickeln.

SK: Sind Sie Künstler?

JA: Nein. Wenn ich Künstler bin, habe ich eine Leinwand, und wenn ich Muße hab, so und so viel Zeit, diese Leinwand zu füllen. Wir arbeiten hier in Sekundentakten. In Minuten. Wir stehen während des Service unter Strom. Die Entstehung eines Gerichtes hat vielleicht ein bisschen was mit Kunst zu tun. Aber wir müssen das ja jeden Tag 30 bis 40 Mal reproduzieren. Im Akkord. Das muss kein Künstler. Wir müssen extrem professionell und diszipliniert an die ganze Geschichte heran gehen. Timing und Logistik ist ganz wichtig. Das hat nichts mit Kunst zu tun. Gar nichts.

PLUMA VOM JOSELITO-SCHWEIN MIT RETTICH, KÜMMEL UND PETERSILIE

2 Stücke Pluma (vordere Lende)
à ca. 180 g
etwas Kümmelöl
Olivenöl
1 Thymianzweig
1 Knoblauchzehe
Pfeffer und Salz
Maldon Sea Salt

Kümmeljus:
je 1 EL geschnittene Schalotten und
Knoblauch
1 TL Kümmel
Butter
50 ml Rotweinessig
100 ml belgisches Bier (Chimay Grand
Reservé)
100 ml Malzbier (Karamalz)
500 ml Kalbsjus
Pfeilwurzelstärke
Pfeffer und Salz

Apfel-Senf-Luft:
1 l Apfelsaft
200 ml Apfelessig
1 Prise Salz
1 Prise Zucker
2 EL Dijonsenf
14 g Lecithin

Rettich:
1 Rettich
20 ml Weißweinessig
40 ml Haselnussöl
Salz, Zucker

Petersiliengelee:
850 ml Petersilienwurzelsaft
100 g Petersilienbutter
1 Prise Salz
1 Prise Pfeffer
12 g Agar-Agar
4 Blatt Gelatine
200 g Petersilienwurzelpüree

Garnitur:
Erbsenkresse
gebratene Steinpilze
Knoblauchchips und Brotschmelze

Die Plumastücke mit etwas Kümmelöl einzeln vakuumieren und im kontrollierten Wasserbad (Einhängethermostat von Julabo) bei 65 °C 20 Minuten garen.
Für die Kümmeljus Schalotten und Knoblauch mit Kümmel in Butter anschwitzen. Mit Rotweinessig ablöschen. Die beiden Biere hinzugeben und sirupartig einkochen. Mit Kalbsjus auffüllen und auf die Hälfte einkochen lassen. Eventuell mit Salz und Pfeffer nachwürzen und mit etwas Pfeilwurzelstärke leicht binden.
Die Plumastücke aus dem Beutel nehmen, mit Salz und Pfeffer würzen und je Seite ca. 1 Minute in Olivenöl braten (mit Thymian und Knoblauchzehe). Kurz ruhen lassen und vor dem Anrichten in etwas Kümmeljus glasieren. Danach tranchieren, anrichten und etwas Maldon Sea Salt darübergeben.
Für die Apfel-Senf-Luft alle Zutaten vermischen und mit einem Stabmixer luftig aufmixen. Den Schaum zum Anrichten abschöpfen.
Den Rettich in dünne Streifen schneiden (15 x 3 cm) und kurz vor dem Anrichten mit Salz, Zucker, Weißweinessig und Haselnussöl marinieren, einrollen und servieren.
Für das Petersiliengelee Saft und Butter mit Salz und Pfeffer vermischen und aufkochen. Agar-Agar einrühren, einmal aufkochen lassen und zur Seite ziehen. Eingeweichte Gelatine einrühren und anschließend durch ein feines Sieb passieren. Erneut leicht erwärmen und ca. 200 ml Flüssigkeit auf ein Gastroblech verteilen. Die Flüssigkeit wird in ca. 1 Minute fest. Zum Servieren in 8 x 5 cm große Rechtecke schneiden. Die Petersiliengeleerechtecke mit Petersilienwurzelpüree füllen und einrollen. Mit Erbsenkresse, gebratenen Steinpilzen, Knoblauchchips und Brotschmelze servieren.

Lammnacken:
4 Stücke Lammnacken à 80 g
100 ml Holzkohleöl
Salz und Pfeffer
Olivenöl
Maldon Sea Salt
schwarzer Tee

Essiggelee:
500 ml klarer Tomatenfond
200 ml Weißweinessig
12 g Kappa

Rhabarber:
1 Rhabarberstange
Zucker
tasmanischer Pfeffer

Garnitur:
Tahoon Kresse, Atsina Kresse,
Knoblauchchips

Die Lammnackenstücke mit etwas Holzkohleöl einzeln vakuumieren und im
kontrollierten Wasserbad (Julabo Einhängethermostat) bei 60 °C 12 Stunden
garen.
Für das Essiggelee Tomatenfond und
Weißweinessig aufkochen, Kappa einrühren, passieren und warm stellen.
Rhabarber in Stäbchen schneiden, kurz
vor dem Anrichten in Zucker wälzen und
mit tasmanischem Pfeffer würzen.
Die fertigen Lammstücke aus dem Beutel
nehmen, mit Salz und Pfeffer würzen
und in Olivenöl rundherum anbraten.
Tranchieren und mit warmem Essiggelee
glasieren.
Auf Teller oder Schieferplatten legen,
etwas Maldon Sea Salt darauf geben. Mit
einer mit schwarzem Tee gefüllten, elektrischen Imkerpfeife und mit Hilfe einer
Glasglocke den Rauch (schwarzer Tee) um
den Lammnacken einfangen. Zügig servieren.

LAMMNACKEN SÜSS-SAUER MIT RHABARBER UND TEERAUCH

SK: Herr Antoniewicz, erklären Sie uns kurz, was Sie beruflich machen?

HA: Ich bin Geschäftsführer der Antoniewicz GmbH und verantwortlich für die Bereiche Forschung und Entwicklung, Training, Beratung und Event. Wir sind mittlerweile auch international tätig. Im Bereich Forschung und Entwicklung beschäftige ich mich zurzeit mit progressiven Kochtechniken wie zum Beispiel der Molekularen Küche. Die Ergebnisse habe ich in meinen beiden Büchern „Fingerfood" und „Verwegen Kochen", sowie in meinem demnächst erscheinendem Buch „Basics" publiziert. Gleichzeitig sind die Inhalte meiner Bücher Grundlage für Trainings und Seminare, die ich für Kollegen und interessierte Hobbyköche halte. Im Bereich Beratung gebe ich mein Wissen und meine Erfahrung an Kunden aus Industrie, Gastronomie und Catering weiter. Außerdem veranstaltet die Antoniewicz GmbH kulinarisch herausfordernde Events im Premiumsektor.

SK: In den Medien und in den Reihen internationaler Spitzenköche ist im Moment das Wort „Molekularküche" sehr umstritten. Wie stehen Sie dazu?

HA: Molekulare Küche oder molekulares Kochen umfasst ein großes Spektrum. Im Grunde genommen geht es darum, die biochemischen bzw. physikalischen Gesetzmäßigkeiten fürs Kochen zu nutzen. Die molekulare Küche hat eine lange Tradition. Schon in den 1960er Jahren haben Wissenschaftler wie Nicolas Kurti die ersten wissenschaftlichen Vorträge zu den molekularen Aspekten des Kochens gehalten. Ich bedaure, dass das momentane Verständnis der molekularen Küche auf Stickstoffeffekte und Laborküche reduziert wird.

SK: Viele Köche versuchen im Moment ja neue Begriffe zu finden, die das Wort „Molekularküche" ersetzen sollen. Sind Sie ebenfalls gegen die Verwendung dieses Begriffs?

HA: Dieser Begriff ist sicherlich ein bisschen unglücklich gewählt worden. Er drückt nur einen Stil aus. Vielleicht trifft

„New Daring Cuisine" oder „New Daring Cooking" diese verwegene Art des Kochens besser.

SK: Eine andere medienwirksame Diskussion ist im Moment die angebliche Gesundheitsschädlichkeit der molekularen Hilfsmittel. Ist diese Diskussion berechtigt?

HA: Nein. Die Texturgeber, die in der Diskussion stehen, sind zum Teil bereits Bioland- bzw. Demeter-zertifiziert. Zum Beispiel Xanthan, Johannisbrotkernmehl, Agar-Agar sind aus Pflanzen gewonnene Geliermittel.

SK: Ich habe gelesen, wenn man diese Pulver nicht in großen Mengen konsumiert, sind sie ungefährlich. Ist das korrekt?

HA: Texturgeber sind unbedenklich. Aber wie alles andere auch sollten sie in Maßen eingesetzt werden. Man kennt das ja. Es beklagt sich kein Mensch darüber, wenn er im Pflaumenbaum gesessen und zu viel Pflaumen genascht hat, dass er dann am nächsten Tag vielleicht Bauchweh bekommt (lacht).

SK: Von den Texturas werden in den meisten Fällen ja auch nur sehr kleine Mengen verwendet, oder?

HA: Ja, das liegt in der Natur der Sache. Es sind natürliche Hilfsmittel, die Geschmack und Besonderheiten des eigentlichen Lebensmittels hervorheben. Ein Zuviel an Hilfsmitteln würde außerdem den Geschmack beeinträchtigen. Die meisten haben diese Erfahrung schon bei Überdosierung mit Gelatine gemacht, einem weit verbreiteten Texturgeber.

SK: Die Pulver sind also nicht geschmack- und geruchlos, wie die Packungen versprechen?

HA: Nein, das sind sie nicht. Aber weitgehend. Nicht jeder Texturgeber eignet sich für jedes Lebensmittel und jede Anwendungsweise gleichermaßen. Als Koch nutzt man die Erkenntnisse, die man aus der Arbeit mit den Texturgebern gewinnt,

zur Geschmacksoptimierung.

SK: Ist in der Molekularküche sehr viel Probieren nötig?

HA: Natürlich. Jeder, der sich ernsthaft mit Kochen beschäftigt, probiert und experimentiert. Man muss die Eigenschaften der einzelnen Texturgeber kennen und darüber hinaus natürlich ausprobieren, studieren, dokumentieren und analysieren. Das ist ein großes Thema.

SK: Das ist aufwändig. Besteht trotzdem mittlerweile in vielen Restaurants Bedarf für die molekulare Küche?

HA: Ja. Sehr viele Köche nutzen diese Techniken bereits. Sie reden nur nicht darüber. Das liegt vor allem daran, dass manche der progressiven Techniken, die zum Einsatz kommen, bei einigen Gästen nicht sehr beliebt sind. In den Medien existiert ein einseitiges Bild der molekularen Küche. Es wurde in erster Linie durch das Stickstoffkochen geprägt. Das ist für viele vernebelnde Kochkunst. In zweiter Linie durch das Schlagwort „Laborküche", was mit Chemie gleichgesetzt wird.

SK: Ist das Bild, was in den Medien von der Molekularküche erzeugt wird, falsch?

HA: Das ist ganz klar falsch, weil einseitig. Das finde ich schade.

SK: Das versuchen wir gerade mit diesem Buch...

HA: Ja. Genau (lacht).

SK: Ist das neue, verwegene Kochen mehr als ein Trend?

HA: Ja, das ist mehr als ein Trend. Zur Zeit befinden wir uns in der dritten Kochrevolution. Die erste Kochrevolution war der Einsatz der Menükunde unter Escoffier, dann die Nouvelle Cuisine in den 70er bzw. 80er Jahren und jetzt die molekulare Küche, als dritte Kochrevolution. Das ist mehr als ein Trend. Wie gesagt, Nicolas Kurti hat damals 128 Tage

„NEW DARING COOKING" – DIE VERWEGENE ART DES KOCHENS

ging es um Kochwissenschaft. Und Kurti war nicht nur Wissenschaftler, sondern auch Hobbykoch und hat alte Rezepturen neu angewandt.

SK: Tauschen die molekular interessierten Köche denn untereinander ihre Philosophien und Erfahrungen aus?

HA: Die Köche tauschen sich insgesamt mehr aus. Die großen Kochgeheimnisse, die früher mal geschrieben worden sind, das beste Mousse au chocolat-Rezept von dem Koch XY, für das man, um es zu bekommen, Beziehungen haben musste, das ist heute nicht mehr ganz so. Man tauscht sich sehr offen aus. Gerade in Spanien finden drei- oder viermal im Jahr

Kongresse statt, bei denen die neusten Techniken einem großen Publikum gezeigt werden. So weit sind wir zwar in Deutschland leider noch nicht, aber da wollen auch wir hinkommen. Es ist selbstverständlicher geworden, sowohl über Sachen zu berichten, die gut gelungen sind, als auch um Rat zu fragen, wenn es mal nicht so funktioniert.

SK: Ist das große Schweigen und Geheimnissehüten nicht nur Eitelkeit von Einzelpersonen?

HA: Es war lange Zeit Usus. Nur über Erfahrungsaustausch kann sich eine Küche weiterentwickeln. In anderen Fachbereichen funktioniert das schon lange sehr gut, zum Beispiel der Austausch über

eine open community im Internet. Das Bedürfnis nach Informationsaustausch wächst auch bei Köchen.

SK: Haben Sie Techniken oder Verfahren in der Molekularküche, mit denen Sie sich bevorzugt beschäftigen?

HA: Ich kann gar nicht wirklich sagen, was ich am liebsten anwende. Mich fasziniert die Vielfalt. Ich gehe nicht in die Küche und denke an Moleküle, wenn ich anfange zu kochen. Ich sehe immer wieder das Grundprodukt vor mir. Wenn ich ein schönes, marmoriertes Stück Fleisch vor mir habe, dann gehe ich von diesem aus und überlege dann, welche Technik am besten dazu passen würde.

diesem aus und überlege dann, welche Technik am besten dazu passen würde. Oder ein Fisch, der nach Jod riecht. Dann denke ich darüber nach, wie man den Geschmack optimal ergänzen kann und welche Textur oder welcher Texturgeber am besten passt.

SK: Das Sous-vide-Garen ist auch eine Technik, die in der molekularen Küche gerne eingesetzt wird ...

HA: Das Sous-vide-Garen ist auch nichts Neues, aber das, was uns mittlerweile an Erkenntnissen zur Verfügung steht, ist sehr wertvoll. Zum einen gibt es keine flüchtigen Aromen mehr. Durch das Einschweißen geht von Fisch und Fleisch nichts mehr verloren. Das Produkt bleibt so gut, wie es ist. Zum anderen bleibt es durch die niedrigen Temperaturen andererseits wesentlich saftiger.

SK: Die niedrigen Temperaturen sind auch der Grund, warum das Sous-vide-Garen verschiedentlich mit gefährlicher Bakterienentwicklung in Verbindung gebracht wird.

HA: Wie immer beim Kochen, aber besonders beim Sous-vide-Garen, sollten nur beste und vor allem frischeste Lebensmittel verwendet werden. Außerdem eignen sich nicht alle Fleischsorten dazu. Alles, was normalerweise kurzgebraten wird, wie Kalbsrücken, Filet oder Schweinerücken, funktioniert hier sehr gut. Fisch aus dem Sous-vide-Bad ist eine Sensation. Bei Langzeitgarungen empfehle ich einen Temperaturbereich ab 65 Grad Celsius aufwärts.

SK: Also gilt folgende Faustregel: Frische und ein qualitativ sehr hochwertiges Produkt?

HA: Ja, Frische und ein Top-Produkt. Da sind wir bei aller molekularen Küche auch wieder bei der Tradition angelangt. Aller Tradition Anfang ist ein Spitzenprodukt. Die Haute Cuisine ist die Tradition, auf der viele neue Kochtechniken aufbauen. Der Gast schmeckt das Produkt wieder. Die Aufmerksamkeit, die wir lange Zeit in unseren Restaurants vermisst haben, wird durch die Molekularküche wieder vom Gast gefordert.

SK: Geht es bei der Molekularküche um ein ganzheitliches Erlebnis, das der Gast erfahren soll?

HA: Ja, aber das war früher auch schon so. Ein Restaurantbesuch kam und ist immer einer Inszenierung gleich. Um die Jahrhundertwende hat man in den Restaurants angefangen zu flambieren, zu tranchieren, Vorspeisen vom Wagen zu präsentieren und dem Gast Erlebnis zu bieten. Im Laufe der Jahre fokussierte die Nouvelle Cuisine das Erlebnis auf Tellergerichte. Die Inszenierung oder das Spektakel wurde immer weniger in den Restaurants zelebriert. Das kommt jetzt mit der molekularen Küche wieder zurück. Nicht nur eine neue Küche, sondern auch ein neuer Service wird dadurch etabliert.

SK: Wohin bewegt sich die molekulare Küche in Zukunft?

HA: Eigentlich stehen wir mit der molekularen Küche noch ganz am Anfang. Die Antoniewicz GmbH arbeitet zur Zeit an neuen Verfahrenstechniken und Produktkombinationen. Für mich ist die Küche der Zukunft verwegen.

SK: Werden Sie in Zukunft bei der molekularen Küche verweilen?

HA: Die Techniken der molekularen Küche sind mit ihren zukünftigen Weiterentwicklungen ein fester Bestandteil meiner Arbeit. Im Moment beschäftige ich mich schwerpunktmäßig mit urbanem Geschmack. Ursprüngliche und regionale Produktvielfalt, verwegen kombiniert.

Das Interview führte Sybille Kärcher

Jakobsmuscheln:
4 Jakobsmuscheln
20 g Limonenöl
Fleur de Sel

Mandelölgrieß:
100 g Fondant
100 g Glucose
40 g geröstetes Mandelmehl
80 ml Mandelöl
500 ml Stickstoff

Konfierte Grapefruit:
1 filetierte, rote Grapefruit
100 ml Olivenöl
je 1 Zweig Rosmarin, Thymian und
Estragon
100 ml Grapefruitsaft
3 gestrichene Portionslöffel Agazoon
1 EL Honig

Die Jakobsmuscheln in einer Teflonpfanne mit dem Limonenöl von jeder
Seite eine Minute braten und warm
stellen. Leicht salzen.

Für den Mandelölgrieß Fondant und Glucose so lange kochen, bis er bernsteinfar-
ben ist. Auf einer Silpadmatte auskühlen
lassen und pulverisieren. Aufstreuen und
mit dem gerösteten Mandelmehl belegen. Kurz im Ofen (160 °C) schmelzen
lassen und die gewünschten Segmente
ablösen.
Das Mandelöl in einen 1/2 l-iSi Siphon
geben und mit einer Patrone begasen. In
den Stickstoff sprühen und in der
Tiefkühltruhe lagern.

Für die konfierte Grapefruit die Grapefruit filetieren und die Filets trocken
tupfen. Das Olivenöl auf 50 °C mit den
Kräutern erwärmen und die Grapefruitfilets darin warm stellen und konfieren.
Den Grapefruitsaft mit Agazoon und
Honig montieren. Einmal aufkochen und
abschäumen. In ein Glasgefäß gießen
und kalt stellen. In Segmente von 2 x 2 cm
schneiden und bei Bedarf bei 90 °C im
Backofen erwärmen. Das Gelee mit den
gezupften Filets belegen und mit frit-
tiertem Estragon belegen.

Zum Anrichten die Jakobsmuscheln mit
der Mandelkruste belegen und weitere
Mandelspäne darauf verteilen. Geeistes
Mandelöl in einen Portionslöffel geben,
mit Mandelgries bestreuen und zusammen mit den Jakobsmuscheln und der
Grapefruit servieren.

JAKOBSMUSCHEL, MANDELÖLGRIESS,
KONFIERTE GRAPEFRUIT

GÄNSELEBER, ANISFUMET, GRÜNER APFEL, KAFFEECRÈME

Gänseleber:
4 Scheiben Gänsestopfleber à 30 g
Malto
Maldon Sea Salt
2 Stück Sternanis
10 g Buchenmehl

Kaffeecrème:
50 ml Kaffeeöl

1 g Glice
50 ml Fischfond
1 g Sucro
geröstete Pinienkerne

Grüner Apfel:
250 ml grünes Apfelpüree, fein passiert
1,5 g Algin
1,3 g Citras

10 g grüne Apfelbrunoise (Apfelwürfel)
5 g Brösel Pain de Epices (französisches Gewürzbrot)
7 g Calcic, in 1 l Wasser aufgelöst

Garnitur:
4 Segmente gelber Frisée
30 ml reduzierte Geflügeljus mit Sternanis

Die Gänseleber in Malto wälzen und in einer heißen Teflonpfanne ohne Öl von beiden Seiten 1 Minute braten. Salzen und an einem warmen Ort ruhen lassen. Eine Elektropfeife mit dem zerstoßenen Anis und Buchenmehl füllen.

Für die Kaffeecrème das Kaffeeöl auf 60 °C erwärmen und das Glice darin auflösen. Den Fischfond mit dem Sucro montieren, das Öl in feinem Strahl einlaufen lassen und weiter emulgieren. Die Pinienkerne warm stellen.

Für den grünen Apfel das Apfelpüree mit dem Algin und Citras einmal aufkochen und passieren. Die kalte Masse in Semisphäre-Löffel geben und in der Calciclake zu Ravioli formen. 2 Minuten kochen lassen und in Wasser oder Apfelsaft spülen. Mit Apfelbrunoise und Brotbröseln garnieren.

Die Gänseleber anrichten. Mit Apfelravioli, Kaffeecrème und Geflügeljus arrangieren. Mit Pinienkernen und Frisée garnieren. Die Elektropfeife mit dem Anis starten, unter eine Glasglocke führen und die Leber damit abdecken. Sofort auftragen und erst vor den Augen der Gäste öffnen.

LANGOSTINO, KALBSKOPF, INGWERGELEE, KÜRBISGNOCCHI

Langostinos:
8 Langostinos
30 ml Limonenöl
8 Scheiben gekochter und gepresster Kalbskopf
30 g Passepiere, gezupft und blanchiert
20 ml helle Balsamessig-Vinaigrette

Langostinotatar:
4 g Korianderblätter
5 g Kerbelblätter
20 ml Olivenöl
Abrieb und Saft von 1/4 Limone
Fleur de Sel

Ingwergelee:
100 ml Ingwersaft
4 gestrichene Portionslöffel Gellazoon

Kürbisgnocchi:
250 g Kürbispüree
8 gestrichene Portionslöffel Algizoon
25 g Celluzoonlösung
15 g Olivenöl
Fleur de Sel
16 g Calazoon, in 1 l Wasser aufgelöst
200 ml Krustentierfond

12 geröstete Kürbiskerne

Von den Langostinos Schwanz und Scheren trennen. Die Scheren in Salzwasser 2 Minuten kochen und aus der Schale lösen. Das Schwanzsegment auslösen und putzen. Im Backofen bei 60 °C kurz in dem Limonenöl garen und mit dem Kalbskopf anrichten. Leicht erwärmen und mit der Vinaigrette marinieren.

Aus dem Scherenfleisch mit den Kräutern ein Tatar herstellen. Den Ingwersaft mit dem Gellazoon montieren und einmal aufkochen. In ein Glasgefäß füllen und kaltstellen.

Das Kürbispüree mit den weiteren Zutaten zu einer homogenen Masse verarbeiten und würzig abschmecken. In ein 1/2 l-iSi Siphon füllen und begasen. Eine Minute stehen lassen und in langen Bahnen in die Lake mit Calazoon spritzen. Mit einer Schere in gleich große Segmente schneiden und im Krustentierfond erwärmen.

Die Langostinos anrichten und das Ingwergelee mit einer Microplanreibe fein darüber hobeln und mit Passepiere garnieren. Den Tatar dazu arrangieren, darauf die Gnocchi setzen und mit den Kürbiskernen vollenden.

EIN INTERVIEW MIT NILS HENKEL

SK: Herr Henkel, fangen wir doch bei der Frage an, warum das Wort „Molekularküche" so ein schlechter Ausdruck ist.

NH: Weil „Molekularküche" im Grunde genommen ein Modeausdruck geworden ist. Küche ist schon immer molekular gewesen, letztendlich. Es gibt immer viele chemische und physikalische Prozesse, die beim Zubereiten von Lebensmitteln ablaufen, und von daher ist es eigentlich ein ganz normaler Prozess. Molekularküche hört sich nach Labor an und das ist auch genau das, was viele Gäste abschreckt. Wir machen auf Schloss Lerbach keine Molekularküche, wir machen im Grunde genommen eine moderne Küche, bei der wir die molekularen Einflüsse verwenden und in unsere Teller einfließen lassen. Immer in kleinen Dosen, sodass es den Gästen Spaß macht und immer etwas Neues zu entdecken gibt, aber nicht in dem Maße, wie das in Spanien der Fall ist.

SK: Also das Menü, das ausschließlich aus Gelee besteht, muss nicht sein?

NH: Nein, das machen wir nicht. Wir machen kleine, sinnvolle Ergänzungen, die unsere Gerichte ein bisschen aufpeppen und ihnen eine moderne Linie geben. Nicht nur wir Köche, sondern auch die Gäste sind viel in der Gastronomie unterwegs und sammeln überall neue Eindrücke. Damit steigt die Erwartungshaltung auf beiden Seiten. Also müssen wir uns ständig weiterentwickeln. Und ich denke, diese ständige Weiterentwicklung ist eigentlich das, worum es in der Avantgardeküche geht.

SK: Welche der Techniken, die in letzter Zeit aufgekommen sind, sind nach Ihrem Geschmack? Was verwenden Sie in Ihrer Küche?

NH: Sehr interessant ist die Verwendung der verschiedenen Geliermittel. Wir arbeiten mit warmen Gelees, darüber hinaus auch mit Sphärifikation, also der Herstellung von Perlen oder Kaviar, zum Beispiel aus Gurke oder Mandarine. Das sind Dinge, die wir gerne einsetzen. Hin und wieder auch einen Schaum, wenn es für das Gericht interessant ist. Die neuen Bindemittel und Texturen sind vor allem auch für die Herstellung von Saucen oder Vinaigrettes eine geniale Neuerung. Denn alles wird moderner. Deswegen ist es heute auch

nicht mehr sinnvoll, mit Stärkepulver oder Mehlschwitze zu arbeiten. Es gibt mittlerweile einfach Produkte, die wesentlich effektiver sind und ein viel besseres Ergebnis bringen.

SK: Ist das eher eine Frage der Optik? Ist Molekularküche eher Dekoration?

NH: Nein, oft auch eine Frage des Mundgefühls. Man kann mit den neuen Hilfsmitteln sehr leichte Bindungen herstellen, das fühlt sich im Mund gut an und überträgt die Aromen auch gut. Und sie haben den Vorteil, dass man hitzeempfindliche Zutaten oder Substanzen nicht kochen muss. Und diese Möglichkeit kalt zu binden, ist sehr von Vorteil.

SK: Glauben Sie, dass es bei Ihren Gästen auf Gegenliebe stoßen würde, wenn sie ein komplett molekulares Menü anbieten würden?

NH: Das wäre nicht unsere Art von Küche und auch nicht das, was unsere Gäste im Schloss Lerbach von uns erwarten. Es ist ein tolles Erlebnis, bei Ferran Adrià essen zu gehen. Aber die Dinge, die man mitnimmt und vielleicht selbst ausprobiert, sind doch begrenzt. Die Gäste, die zu Adrià gehen, sind für alles offen. Darunter gibt es aber auch viele Gäste, die sagen, dass ihre Erwartungen nicht erfüllt wurden. Die Gäste, die zu uns kommen, haben eine ganz klare Vorstellung davon, was sie hier erwartet. Und dem wollen wir auch gerecht werden.

SK: Ist die Avantgardeküche eine reine Modeerscheinung?

NH: Nein, das sehe ich nicht so. Teilweise ist es sicher eine Mode, die sich wieder verlieren wird. Aber die grundsätzlichen Techniken und Zubereitungen werden auch weiterhin Bestand haben, da bin ich mir sicher.

SK: Also, dass der Hype, der im Moment um dieses Thema erzeugt wird, sich legen wird, und nur das überlebt, was sinnvoll ist?

NH: Ja, davon gehe ich auch aus. Es wird immer wieder neue Trends geben. Die Nouvelle Cuisine war auch einmal ein Trend. Trotzdem hat sich vieles bewährt und gehalten, hat die Küche positiv beeinflusst. Das wird auch bei der Avantgardeküche der Fall sein.

SK: Ich denke, die Molekularköche der ersten Generation waren stark beeinflusst von der Nouvelle Cuisine. Haben Sie sich mit diesem Thema gelegentlich beschäftigt, wo diese Art zu kochen eigentlich herkam?

NH: Nicht wirklich. Es ist immer eine Zeitfrage, sich mit den Hintergründen auseinanderzusetzen. Ebenso ist es eine Zeitfrage, sich mit den vielen wissenschaftlichen oder chemischen Prozessen zu befassen, die hinter dem Kochen stehen. Man sollte als Koch unbedingt darüber Bescheid wissen. Das ist jedoch mit viel Recherchearbeit verbunden.

SK: Ist es wirklich so, dass man sich das alles erst einmal aneignen muss, oder macht man das aus dem Gefühl heraus?

NH: Gewisse Dinge muss man sich schon aneignen. Etwas aus dem Gefühl heraus zu machen, heißt immer, dass man so lange probieren muss, bis das Ergebnis der eigenen Vorstellung entspricht. Dieser Prozess ist sehr zeitintensiv. Es ist immer schön, wenn man Anhaltspunkte hat, auf die man aufbauen kann. Jeder Koch muss für sich wissen, welches Ergebnis er sich vorstellt. Und dann so lange probieren, bis man angekommen ist. So haben das die spanischen Avantgardisten auch gemacht. Ferran Adrià hat für seine Rezepte sicherlich sehr viele Durchläufe gehabt, bis das Ergebnis so war, wie er es wollte. Vor allem ist das auch eine Organisationsfrage ...

SK: Deswegen hat das elBulli auch nur sechs Monate im Jahr geöffnet ...

NH: ... ja, und deswegen hat Adrià auch entsprechend viele Köche. 45 bis 50 Köche bei 40 Plätzen im Restaurant. Dazu noch ein Kreativteam. Wir arbeiten mit 12 Köchen und haben 60 Plätze im Restaurant. Da ist die Zeit für Entwicklungen einfach manchmal knapp. Man muss sich sehr gut organisieren, um weiter voran zu kommen.

SK: Gab es Schulungen für Ihre Mitarbeiter zu diesen Themen?

NH: Einzelne Mitarbeiter haben sich explizit dafür interessiert. Diese haben wir dann auch zu Seminaren geschickt, aber das ist eigentlich schon wieder rückläufig. Viel Neues konnten unsere Mitarbeiter in den Seminaren nicht mehr dazulernen, da relativ viele Elemente aus der Avantgardeküche bereits zu unserer täglichen Arbeit gehören.

SK: Waren Sie schon einmal bei Ferran Adrià essen?

NH: Ja, zweimal.

SK: Und, wie war das?

NH: Ich fand es beide Male sehr beeindruckend. Es sind sehr viele außergewöhnliche Ideen auf dem Teller gewesen, bei denen sich automatisch die Frage stellt: Wie kommt man darauf? Aber die Antwort ist eigentlich ganz einfach: Indem man sich die Zeit nimmt, zu experimentieren. Und großen Wert auf ein Kreativteam legt.

SK: Was gab es denn zu essen?

NH: Es gab 35 Gänge. Ich kann das alles nicht mehr so genau sagen, aber es waren ein paar sehr schöne Sachen dabei.

SK: Was war denn das Highlight der Speisenfolge? Oder der Gang, von dem Sie dachte, die Idee hätte ich auch gerne gehabt.

NH: Als ich zuletzt mit ein paar Kollegen dort war, hat uns ein kleines, knuspriges Ferkelschwänzchen am besten geschmeckt (lacht). Das war ein netter Gang, der wirklich lecker war. Da waren wir uns alle ziemlich einig.

SK: Waren Sie in einem solchen zeitlichen Abstand dort, dass Sie die Avantgardeküche der ersten und der zweiten Stunde kennen gelernt haben?

NH: Naja, das erste Mal war ich 2006 dort. Da war die Avantgardeküche schon relativ fortgeschritten. Wir haben bei Ferran Adrià dieses Jahr keinen einzigen Schaum auf dem Teller gehabt. Die Zubereitungen entwickeln sich bei ihm natürlich weiter. Dinge, die er vor zehn Jahren gemacht hat, macht er heute vielleicht schon ganz anders.

SK: Was macht Adrià heute anders als früher?

NH: Die Gerichte waren wieder wesentlich komplexer. Verschiedene Komponenten auf dem Teller und nicht nur ein Döschen mit Kaviar oder einer Luft. Das fand ich sehr viel spannender, als diese Avantgardeküche in Einzelelementen.

SK: Also bekommt der Gast bei Adrià jetzt ein richtiges Menü? Wird man satt?

ES WIRD NEUE TRENDS GEBEN, ABER DIE GRUND-SÄTZLICHEN TECHNIKEN BLEIBEN

NH: Bei einem Besuch bei Ferran Adrià geht es in erster Linie um das Gesamterlebnis. Über die Dauer von vier bis fünf Stunden bekommt man unzählige Kleinigkeiten gereicht, die durch ihre Besonderheit überraschen. Man wird überwältigt von den Eindrücken, die dort auf einen jeden einwirken. Dabei wird man im Normalfall auch satt.

SK: Haben Sie Ferran Adrià kennen gelernt?

NH: Ja. Er ist ein sehr netter Kollege, der mit beiden Beinen auf der Erde steht. Trotz seines großen Bekanntheitsstatus erlebt man ihn in seinem Restaurant als sehr zugänglichen und sehr gesprächsbereiten Menschen. Normalerweise geht man als Gast zu ihm in die Küche, bevor das Menü serviert wird. Das ist sehr spannend.

SK: Wie sieht Ferran Adriàs Küche aus? Sieht sie anders aus, als andere professionelle Küchen?

NH: Ja, sie sieht in der Tat anders aus. Sie ist sehr schick, sehr modern und unheimlich weitläufig. Es gibt dort auch noch einen normalen Herd, wenn auch sehr viel mit Wasserbädern gearbeitet wird, mit Niedertemperaturgarung. Darüber hinaus arbeitet das Team auch mit einigen sehr speziellen Geräten, die bei uns noch seltener vorzufinden sind.

SK: Wo sehen Sie die Zukunft der Avantgardeküche?

NH: Einerseits, gibt es meiner Meinung nach, ein Revival der Regionalküche. Ich finde das sehr gut, dass wir uns in Deutschland wieder auf die Produkte und Gerichte besinnen, die wir hier vor Ort haben und die zu unserer Kultur gehören. Andererseits werden die asiatischen Einflüsse sicher wieder ein starkes Thema werden. Gepaart mit modernen Techniken und Erkenntnissen, um Althergebrachtes neu zu interpretieren. In der gesunden Mischung aus beiden Themen sehe ich bei uns die Zukunft der Avantgardeküche.

Das Interview führte Sybille Kärcher

Kalb:
1/2 Kalbskopfmaske
1 Kalbsbäckchen
1 Kalbszunge
1 EL Pökelsalz
200 g Mirepoix von Staudensellerie,
Karotten und Zwiebeln
1 TL Pfefferkörner
1 Lorbeerblatt
2 Nelken
4 Pimentkörner

8 Gillardeau-Austern
8 Calamaretti, je 20–30 g

Tapioka-Vinaigrette:
15 g Tapiokaperlen
200 ml Kalbskopffond
5 cl kaltgepresstes Rapsöl
2 cl weißer Balsamico
2 cl Schnittlauchöl
Schnittlauch
Salz und Pfeffer

Gelierte Tinte:
1 Schalotte
1/2 Knoblauchzehe
100 ml Noilly Prat
500 ml Fischfond
1/2 Lorbeerblatt
5 Pfefferkörner
10 Fenchelsamen
1 Zitronenthymianzweig
6 g Tintenfischtinte
3 g Natriumalginat
500 ml Wasser
2,5 g Calciumchlorid

Schnittlauchöl:
10 cl Rapsöl
50 g Schnittlauch
Salz

Schnittknoblauchblüten

Die geputzte und rasierte Kalbskopf-
maske, das Bäckchen und die Zunge mit
Pökelsalz und kaltem Wasser gerade be-
decken und mindestens einen Tag im
Kühlschrank ruhen lassen.
Dann Kalbskopf, Bäckchen und Zunge
gut mit Wasser bedecken und mit dem
Gemüse und den Gewürzen etwa 1 1/2
Stunden in dem siedenden Fond garen.

Die schönsten Stücke vom Kalbskopf in
8 gleichmäßige Würfel schneiden. Das
Bäckchen und die Zunge in je 8 gleichmäßige Scheiben schneiden. Die Austern
öffnen und säubern. Die Calamaretti putzen und längs halbieren.

Für die Tapioka-Vinaigrette die Tapiokaperlen und den Kalbskopffond zusammen aufkochen und etwa 20 Minuten
leicht köcheln lassen. Dabei vorsichtig
umrühren und etwas abkühlen lassen.
Der Tapiokafond hat eine gelierende
Konsistenz und die Tapiokaperlen sind
glasklar. In den Fond das Rapsöl, den Balsamico und das Schnittlauchöl einrühren
und mit Salz und Pfeffer abschmecken.
Von Kalbskopf, Zunge und Bäckchen
kleine Würfel als Einlage, sowie Schnittlauch zufügen.

Für die gelierte Tinte die Schalotte und
den Knoblauch in Scheiben schneiden
und anschwitzen. Mit Noilly Prat ablöschen und zusammen mit Fischfond,
Lorbeer, Pfeffer, Fenchelsamen und Zitronenthymian auf 250 g reduzieren. Den
passierten Fond abkühlen lassen und mit
der Tinte und dem Natriumalginat aufmixen. Etwa 2 Stunden kalt stellen. Das
Calciumchlorid im Wasser auflösen. Die
Tintenflüssigkeit in Pipetten füllen und
gleichmäßig in das Calciumchlorid-Was-
ser tropfen. Nach einer Minute die gelierten Tintenperlen aus dem Wasser
nehmen und in klarem Wasser spülen.

Für das Schnittlauchöl den Schnittlauch
fein schneiden und mit dem Öl im Mixer
sehr fein pürieren, anschließend durch
ein feines Sieb passieren und leicht salzen.

Die warmen Scheiben von Zunge und
Bäckchen auf ovale Teller anrichten. Jeweils zwei Austern und zwei Kalbskopf-
würfel in der Mitte platzieren. Nebenbei
die Calamaretti in heißem Rapsöl kurz
schwenken und anrichten. Nun die lau-
warme Tapioka-Vinaigrette verteilen und
nach Belieben die gelierten Tintenperlen
verteilen. Mit Schnittknoblauchblüten
dekorieren und servieren.

TAPIOKA-VINAIGRETTE, GELIERTE TINTE

Schwein:
1 Schulterstück vom iberischen Schwein
(Presa), ca. 500 g
Olivenöl
Zitronenthymian
Pfeffer aus der Mühle

Zitronen-Kümmel-Jus:
100 g Abschnitte von der Schweineschulter
50 g Schalotten
5 cl Olivenöl
1/2 Lorbeerblatt
1/2 Knoblauchzehe
1/2 TL Kümmel
1 Msp. Kreuzkümmel
10 schwarze Pfefferkörner
1/2 TL Zitronenschalenabrieb
5 cl Zitronensaft
5 cl Zitronensirup
500 ml dunkler Fond von Schwein
oder Kalb
Pfeilwurzelstärke

Weiße Bohnen:
4 EL Coco-Blanc-Bohnen, weich gekocht
1 Schalotte
2 cl Olivenöl
4 Ofentomatenfilets
1 TL Püree von Ofentomaten
1/2 TL gehacktes Bohnenkraut
Salz und Pfeffer aus der Mühle
Tomatenessig

Bohnenchips:
200 g Bohnenpüree von weißen Bohnen
1 EL Spinatmatte
2 Batt Gelatine
1/2 TL fein gehacktes Bohnenkraut
Salz und Pfeffer

Zitronengelee:
100 g confierte Zitronenscheiben
Zitronenthymian-Blättchen
200 ml Zitronenfond
4 g Agar-Agar
3 Blatt Gelatine

2 EL kleine Kapern

Die Schweineschulter parieren und in
rechteckige Stücke schneiden. Das Fleisch
pfeffern und mit Olivenöl und Zitronenthymian vakumieren. Dann im Wasserbad bei 65 °C etwa 16 Minuten garen.
Für die Jus die Abschnitte der Schulter
mit Schalotten in Olivenöl anschwitzen
und den dunklen Fond zufügen. Die
Gewürze im Mörser zerkleinern, zufügen, ebenso Schale, Saft und Sirup von
Zitrone und alles aufkochen. Die Sauce
etwa 2 Stunden ziehen lassen, passieren
und eventuell etwas einkochen und mit
Pfeilwurzelstärke leicht binden.

Die weißen Bohnen mit den Schalottenwürfeln in Olivenöl anschwitzen. Die
Ofentomaten würfeln und mit Tomaten-
püree und Bohnenkraut unterschwen-
ken. Mit Salz, Pfeffer und einem Spritzer
Tomatenessig abschmecken.

Zur Herstellung der Bohnenchips das
Bohnenpüree leicht erwärmen und die
aufgelöste Gelatine unterrühren. Dann
die Spinatmatte und das gehackte
Bohnenkraut untermixen, mit Salz und

Pfeffer würzen. Das grüne Püree auf Silpatmatten aufstreichen und bei 60 °C trocknen lassen. Die krossen Bögen in die gewünschte Größe brechen.

Für das Zitronengelee die Zitronenscheiben ohne Kerne auf ein Randblech verteilen und mit Zitronenthymian-Blättchen bestreuen. Den Zitronenfond mit Agar-Agar 2 Minuten kochen lassen.

Vom Herd nehmen, die eingeweichte Gelatine darin auflösen durch ein feines Sieb auf die Zitronenscheiben passieren. Kalt stellen und dann in Würfel schneiden.

Zum Anrichten die Schweineschulter aus dem Beutel nehmen, mit Salz und Pfeffer würzen und von beiden Seiten kurz auf einem heißen Grillrost zeichnen. Die

Bohnen auf Tellern anrichten, die Schulterstücke aufschneiden und auf den Bohnen platzieren. Die Bohnenchips in passende Stücke brechen und hochkant anlegen, die Sauce und die Zitronengeleewürfel anrichten und mit knusprig gebackenen Kapern servieren.

SCHULTERSTÜCK VOM IBERISCHEN SCHWEIN, ZITRONEN-KÜMMEL-JUS, WEISSE BOHNEN, ZITRONENGELEE

Die molekulare Versuchsküche

Auch wenn man es gerne denken möchte: Die Techniken der Molekularküche sind kein Hexenwerk. Obwohl vieles nicht so schwer ist, wie es auf den ersten Blick erscheint, wollen die Verfahren zur Herstellung von Sphären, Schäumen und Gelen sehr wohl erklärt werden. In den folgenden Kapiteln werden Zustandsveränderungen beschrieben, die die molekulare Küche den verschiedensten Basisprodukten beschert. Denn genau das ist das Ziel dieser neuen Art des Kochens: Das, was die Natur dem Koch als Rohmaterial in die Hand gibt, soll durch die Veränderung seiner Konsistenz auf positive Weise überraschen. Die molekulare Küche will aber nicht verändern um des Überraschungseffektes willen, sondern um einem gegebenen Produkt zu schmeicheln und das Beste aus ihm herauszuholen. Das erreicht der Koch dank verschiedener Helfer. Die allesamt aus Naturprodukten gewonnenen Stoffe sind in ihrer Anwendung nicht ganz einfach. Je nach Hersteller bedürfen sie einer mehr oder weniger großen Genauigkeit bei der Dosierung und Verwendung. Mit ein bisschen Übung und bei genauer Rezeptbefolgung stellen sie aber auch für Laien kein Problem mehr dar. Alle Zusatzstoffe, die hier vorgestellt werden, sind – sofern keine allergische Unverträglichkeit besteht – gesundheitlich vollkommen unbedenklich, sodass sie mit gutem Gewissen verwendet werden können.

Präzision ist gefragt

Die jeweils zu verwendenden Mengen von Alginat, Lecithin und Co. sind, zumindest bei den Texturas Ferran Adriàs, sehr gering. Deshalb werden Sie beim Experimentieren mit diesen Pülverchen eine Apotheker- bzw. Präzisionswaage benötigen, die zwei bis drei Stellen hinter dem Komma anzeigen kann. Diese Waagen sind nicht sehr teuer. Es ist sinnvoll ein solches Messgerät anzuschaffen, da der Erfolg bei der Zubereitung molekularer Rezepte von der genauen Dosierung der zugesetzten Stoffe abhängt. In der traditionellen Küche lassen sich viele einmal begangene Fehler wieder ausbügeln. Ein bisschen zu viel Salz bekommt man durch das Verdünnen der Suppe oder durch die Zugabe von Zucker wieder in den Griff. Geben Sie allerdings nicht die angegebene Menge Algin in die sphärischen Ravioli, dann lässt sich das ganze Rezept nicht mehr umsetzen. In den folgenden Kapiteln möchten wir Ihnen die jeweiligen Zusatzstoffe, ihre Verwendung und beispielhaften Verarbeitungsmöglichkeiten detailliert vorstellen. Damit Ihnen zukünftig auch wirklich das aufwändigste Rezept der molekularen Kochkunst gelingen wird. Und es soll etwas mit dem Gerücht aufgeräumt werden, dass es sich bei den Stoffen und Pulvern der Molekularküche um irgendwelche Wundermittel handelt: In der molekularen Küche schaffen weder Spuk noch Alchemie die kunstvollen Kreationen.

Von Granulat bis Pulver

Dafür halten wir uns zunächst an die formschön und farbenprächtig verpackten Pülverchen Ferran Adriàs, weil sie die wohl bekanntesten Produkte auf dem Markt für molekulare Hilfsmittel sind. Obwohl diese zylindrischen Verpackungen sehr ästhetisch aussehen, beinhalten sie für Hobbyköche eine Reihe von Nachteilen, auf die wir an dieser Stelle natürlich kurz eingehen möchten. Die Gebindegrößen zwischen 300 und 600 Gramm, in denen Adriàs Produkte abgepackt werden, sind für einen Privathaushalt denkbar unpraktisch. Vor allem deshalb, weil für alle molekularen Rezepte nur kleinste Mengen des entsprechenden Zusatzstoffs benötigt werden. Wer seine Küche allerdings optisch verschönern möchte, dem sei auf jeden Fall zu diesen Dosen geraten. Und natürlich machen die „Zaubermittel" von Altmeister Adrià auch bei Freunden gehörigen Eindruck. Sollte Sie dies alles aber weniger interessieren als das Kochen selbst, dann können Sie natürlich getrost auch zum Angebot des Marktkonkurrenten Biozoon greifen.

Die Alternative

Wie bei allen Markenprodukten bezahlt man auch bei Ferran Adrià den guten Namen des Meisters und das schicke Design der Produkte. Zum Verschenken eignen sich die Adrià'schen Produkte auf jeden Fall. Für alle, die in der eigenen Küche etwas Geld sparen wollen, seien die Produkte der Firma Biozoon empfohlen. Kundenfreundlich bietet der Bremerhavener Hersteller zwei vergleichsweise preiswerte Versuchsbaukästen an: einen für die molekulare Küche und einen für den Cocktailbereich. Darin finden alle Interessierten die nötigen Pülverchen, Anleitungen und Utensilien zum Testen in praktischen Metallkästchen. Noch praktischer: Wer nicht weiß, ob die molekulare Küche ihn dauerhaft fesselt, kann beruhigt sein, denn die Gebinde der Pulver in den Versuchsbaukästen sind klein. Die Pulver von Biozoon sind im Allgemeinen für Laien leichter zu handhaben, da sie aufgrund ihrer Zusammensetzung weniger peinlich genau dosiert werden müssen. Hier kann man sich als Koch ein paar Ungenauigkeiten erlauben, die bei den Texturas unverzeihlich sind. Und das ist vielleicht gerade am Anfang einer jeden molekularen Küchenkarriere durchaus wünschenswert. Für alle, denen die Molekularküche beim Probieren ans Herz gewachsen ist, stellt Biozoon zusätzlich zu den Testsets größere Gebinde aller Produkte her. Natürlich gibt es neben diesen beiden großen Produzenten auch noch andere Anbieter molekularer Hilfsstoffe wie zum Beispiel die spanische Firma Sosa. Mehr zu diesem Thema erfahren Sie unter: www.bosfood.de.

TECHNIKEN UND STOFFE

Allgemein gesprochen unterscheiden sich die Produkte von Biozoon, mit Ausnahme von Calazoon, von den Texturas durch ein dem Hauptwirkstoff beigemischtes Trägermaterial: Maltodextrin. Hierbei handelt es sich um ein wasserlösliches, langkettiges Kohlenhydrat, das durch das chemische Verfahren der Hydrolyse aus Stärke gewonnen wird. Im Gegensatz zu den meisten kurzkettigen Kohlenhydraten ist Maltodextrin weitestgehend geschmacksneutral und schmeckt kaum süß. In der Lebensmittelindustrie wird es aufgrund seiner Eigenschaften gerne als Stabilisator oder Füllstoff eingesetzt. Maltodextrin findet sich vielfach auch in Sportlernahrung, Elektrolytgetränken und wird in der diätätischen bzw. medizinischen Ernährung genutzt. Biozoon erreicht durch die Beimischung dieses Kohlenhydrats eine Standardisierung seiner Produkte, die sich für den Endverbraucher sehr vorteilhaft auswirkt. Die in den Pulvern enthaltenen Wirkstoffe wie beispielsweise Agar-Agar werden durch die Mischung mit Maltodextrin besser wasserlöslich als in ungestrecktem Zustand. Dieses Verfahren ist altbewährt: Unsere Großmütter und viele Patissiers vermischen schwer lösliche Crème- und Puddingpulver zuerst mit Kristall- oder Puderzucker. Das verhindert die unbeliebte Klumpenbildung in Milch oder anderen Flüssigkeiten. Ein weiterer Vorteil der Biozoonprodukte für den Endverbraucher: Sie sind weniger reaktiv als die Äquivalentpulver anderer Hersteller. Auch das hat der Anfänger in der Molekularküche dem enthaltenen Maltodextrin zu verdanken. Da die Pulver nicht auf dem Bruchteil eines Gramms genau dosiert werden müssen, bedarf es beim Arbeiten mit Algizoon, Celluzoon und Co. auch keiner Apothekerwaage. Biozoon arbeitet mit Messlöffeln, wie sie in der amerikanischen Küche, die das europäische, metrische System nicht kennt, üblich sind. Die Angabe der richtigen Löffelmenge findet sich im jeweiligen Rezept und Schwankungen hinsichtlich der funktionellen Eigenschaften der Pulver können durch das Maltodextrin aufgefangen werden. Die verwendeten Hauptwirkstoffe der Pulver entsprechen im Grunde genommen denen von Adriàs Texturas oder Produkten anderer Hersteller. Da es allerdings von jedem Wirkstoff verschiedene Varianten auf dem Markt gibt, ist es recht unwahrscheinlich, dass Biozoon und Texturas genau identische Wirkstoffe enthalten, sondern vielmehr verschiedene Typen des gleichen Stoffs. Biozoon hat bei der Auswahl der Wirkstofftypen für seine Produkte als Maßstab die sensorische Qualität (z.B. Geschmacksneutralität) und die funktionellen Eigenschaften (z.B. Verdickungseigenschaften, Hitzestabilität) in den Vordergrund gestellt.

Damit Sie beim Nachkochen molekularer Rezepte nicht darauf achten müssen, welche Produkte sich in Ihrem Küchenschrank befinden, können Sie die Umrechnungsverhältnisse von Texturas auf Biozoon und umgekehrt der neben stehenden Tabelle entnehmen.

Alle Rezepte sind auf 4 Personen ausgelegt, falls nicht gesondert vermerkt.

Texturas	pro 100 ml	Biozoon	pro 100 ml
Algin	2 g	Algizoon	1,5 Löffel
Calcic	1 g	Calazoon	3 Löffel
Agar	1,6 g	Agazoon	2,5 Löffel
Xantana	0,5–1 g	Xantazoon	1–2 Löffel
Gelan	2 g	Gelazoon	4 Löffel
Iota	0,6 g	Iotazoon	2,5 Löffel
Lecite	0,5 g	Emulzoon	3,5 Löffel
Metil	3 g	Celluzoon	7 Löffel

BIOZOON: WAS MACHT DEN UNTERSCHIED ZU FERRAN ADRIÀS TEXTURAS?

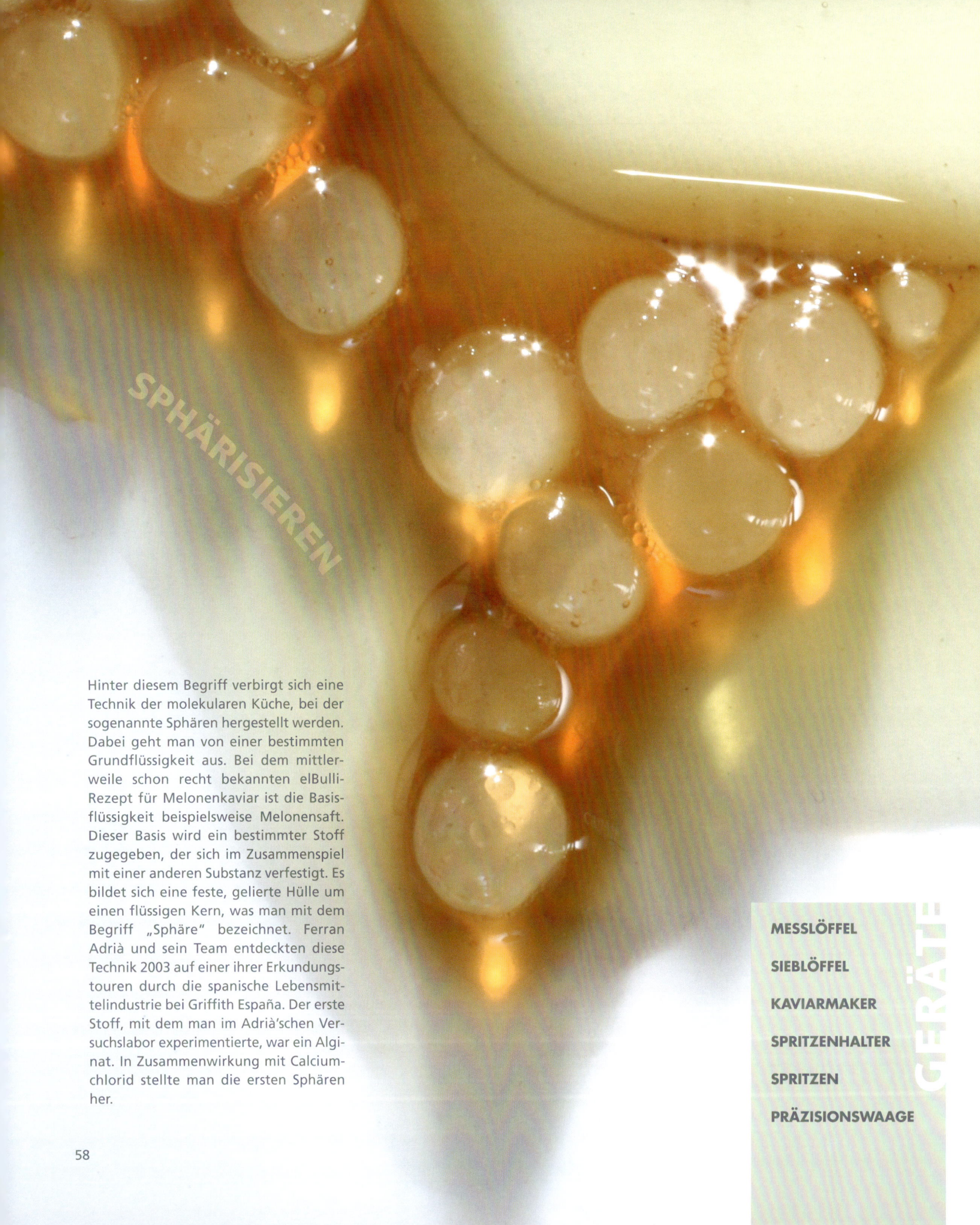

SPHÄRISIEREN

Hinter diesem Begriff verbirgt sich eine Technik der molekularen Küche, bei der sogenannte Sphären hergestellt werden. Dabei geht man von einer bestimmten Grundflüssigkeit aus. Bei dem mittlerweile schon recht bekannten elBulli-Rezept für Melonenkaviar ist die Basisflüssigkeit beispielsweise Melonensaft. Dieser Basis wird ein bestimmter Stoff zugegeben, der sich im Zusammenspiel mit einer anderen Substanz verfestigt. Es bildet sich eine feste, gelierte Hülle um einen flüssigen Kern, was man mit dem Begriff „Sphäre" bezeichnet. Ferran Adrià und sein Team entdeckten diese Technik 2003 auf einer ihrer Erkundungstouren durch die spanische Lebensmittelindustrie bei Griffith España. Der erste Stoff, mit dem man im Adrià'schen Versuchslabor experimentierte, war ein Alginat. In Zusammenwirkung mit Calciumchlorid stellte man die ersten Sphären her.

GERÄTE

MESSLÖFFEL

SIEBLÖFFEL

KAVIARMAKER

SPRITZENHALTER

SPRITZEN

PRÄZISIONSWAAGE

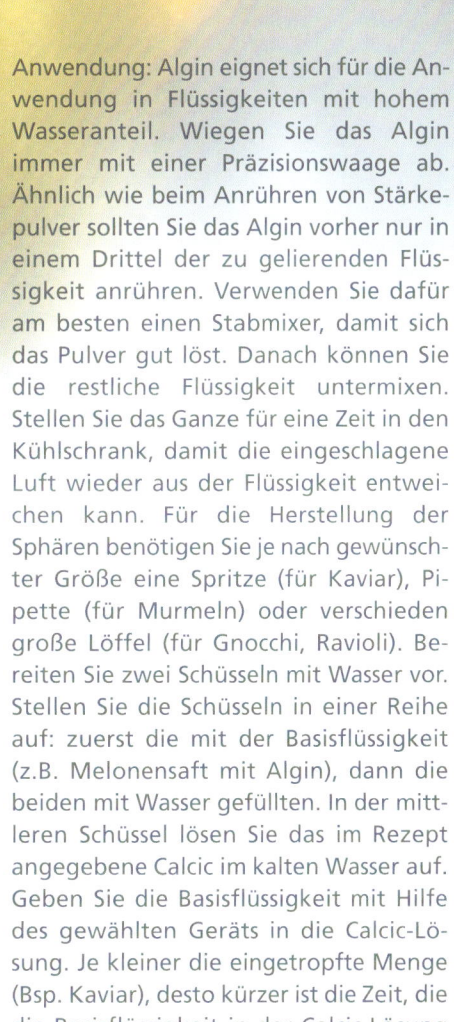

ALGIN (NATRIUMALGINAT)

Bei diesem Stoff aus der Texturas-Produktpalette, die für Ferran Adriàs Restaurant elBulli entwickelt wurde, handelt es sich um pulverisierte Auszüge von Braunalgen wie Laminaria, Fucus etc., die in den Kaltwasserregionen fast aller Weltmeere vorkommen. Das daraus gewonnene Natriumalginat (E 401) wird in der Lebensmittelindustrie als Geliermittel eingesetzt, das in Verbindung mit Calciumionen reagiert. Je nach Herstellerzusammensetzung des Alginats ist das Pulver mehr oder weniger gelierreaktiv. Die Grammangaben eines auszuführenden Rezepts müssen hierbei unbedingt beachtet werden. Algin löst sich auch in kalten Basisflüssigkeiten und muss für die Sphärisierung nicht erhitzt werden.

Anwendung: Algin eignet sich für die Anwendung in Flüssigkeiten mit hohem Wasseranteil. Wiegen Sie das Algin immer mit einer Präzisionswaage ab. Ähnlich wie beim Anrühren von Stärkepulver sollten Sie das Algin vorher nur in einem Drittel der zu gelierenden Flüssigkeit anrühren. Verwenden Sie dafür am besten einen Stabmixer, damit sich das Pulver gut löst. Danach können Sie die restliche Flüssigkeit untermixen. Stellen Sie das Ganze für eine Zeit in den Kühlschrank, damit die eingeschlagene Luft wieder aus der Flüssigkeit entweichen kann. Für die Herstellung der Sphären benötigen Sie je nach gewünschter Größe eine Spritze (für Kaviar), Pipette (für Murmeln) oder verschieden große Löffel (für Gnocchi, Ravioli). Bereiten Sie zwei Schüsseln mit Wasser vor. Stellen Sie die Schüsseln in einer Reihe auf: zuerst die mit der Basisflüssigkeit (z.B. Melonensaft mit Algin), dann die beiden mit Wasser gefüllten. In der mittleren Schüssel lösen Sie das im Rezept angegebene Calcic im kalten Wasser auf. Geben Sie die Basisflüssigkeit mit Hilfe des gewählten Geräts in die Calcic-Lösung. Je kleiner die eingetropfte Menge (Bsp. Kaviar), desto kürzer ist die Zeit, die die Basisflüssigkeit in der Calcic-Lösung

verbleiben darf, da der Gelierprozess von außen nach innen verläuft. Um eine Sphäre mit einem flüssigen Kern zu erzielen, müssen Sie sich unbedingt an die im Rezept angegebenen Zeiten halten. Schöpfen Sie mit einem Sieb die sphärischen Gebilde aus der Calcic-Lösung und lassen Sie sie in die Schüssel mit dem klaren Wasser gleiten, um den Geliervorgang zu stoppen. Heben Sie die Sphären mit einem Sieb oder einem Schaumlöffel aus dem Wasser. Schon sind die Perlen verwendungsfertig.

Bei dickflüssigen Basisflüssigkeiten müssen Sie eine dem Rezept entsprechende Menge Wasser zusetzen, um den gewünschten Sphärisierungseffekt zu erreichen. Enthält diese Basisflüssigkeit viel Säure (z.B. Mangopüree) müssen Sie ihr Citras zusetzen, da Algin empfindlich auf Säure reagiert. Citras muss genauso präzise abgewogen werden wie Algin. Geben Sie dem Wasser, das Sie zum Verdünnen der Basisflüssigkeit benötigen, zuerst Citras zu und verquirlen Sie das Pulver, bis es sich völlig gelöst hat. Geben Sie das Algin zu und danach erst die zu verwendende Basis. Passieren Sie die Flüssigkeit bei Bedarf ab. Das weitere Vorgehen entspricht dem oben beschriebenen Vorgang.

Hinweis: Algin entspricht Algizoon in der Produktpalette von Biozoon.

Sojasaucen-Kaviar
100 ml Sojasauce
120 ml Alginat-Stammlösung
(1 l Wasser + 20 g Algin)
1 Prise Citras
1 l Wasser
10 g Calcic

Die Sojasauce mit der Alginatlösung mischen und etwas Citras dazugeben, sodass sie wieder flüssig wird. Gleichzeitig das Calcic in dem Wasser auflösen. Dann die Lösung langsam mit einer Spritze aufziehen und in das Calcicwasser geben. Nach ein paar Sekunden prüfen, ob die entstandenen Kügelchen stabil sind. Dann in klarem Wasser spülen und sofort verwenden.
Gut geeignet als Topping für Thunfisch-Sashimi oder Sushi.

Auf dem Foto wurde der Kaviar auf hauchdünnen Thunfischstreifen mit Ingwer und Wasabisauce angerichtet und mit etwas Kresse dekoriert.

SOJASAUCEN-KAVIAR

AN THUNFISCH-SASHIMI

MIT INGWER UND WASABISAUCE

1 Kugel Mozzarella mit Lake
60 g Crème Double
1 Prise Salz
1 g Xantana oder
2 Portionslöffel Xantazoon
200 ml Mozzarella-Lake zum Lagern der
Spähren
1 l Wasser
5 g Alginat

500 ml Tomatenconsommé
5 Löffel Alginat-Stammlösung
500 ml Wasser
5 g Calcic
Basilikumblätter

Die Mozzarella-Lake auf 60 °C erwärmen, den Mozzarella klein zupfen und montieren. So fein wie möglich pürieren und mit der Crème Double verrühren. Das Xantana und Salz einmixen. Einige Zeit, am besten etwa 12 Stunden, stehen lassen, bis alle Luftblasen verschwunden sind.

Das Alginat mit dem Wasser mixen, einige Zeit quellen lassen und in ein flaches Gefäß geben. Mit einem Portionslöffel die Mozzarellamasse in das Wasserbad geben und ca. 10 Minuten kochen. Die Kugeln sollen sich nicht berühren, da sie sonst verkleben. Mit einem Sieblöffel herausnehmen und klar abspülen. Bis zur Verwendung in der Mozzarella-Lake im Kühlschrank lagern.

Sphären aus der Consommé herstellen, auf dem Löffel das Basilikumblatt einlegen, das dann damit verschlossen wird. Danach in klarem Wasser abspülen.

SPHÄREN VON MOZZARELLA

UND TOMATE

FALSCHES CAPRESE

63

Dieses Pulver wird aus Natriumcitrat hergestellt. Natriumcitrat (E 331) ist das Natriumsalz der Zitronensäure und wird vorzugsweise aus Zitrusfrüchten gewonnen. Erstaunlicherweise hat es die Eigenschaft, den Säuregehalt von Lebensmitteln, denen es zugesetzt wird, zu reduzieren. Wie alle Produkte, die in der Molekularküche verwendet werden, ist es gesundheitlich vollkommen unbedenklich. Es dient lediglich dazu, Basisflüssigkeiten zu entsäuern, die ansonsten nicht mit Algin gebunden werden könnten, da dieses empfindlich auf einen sauren pH-Wert reagiert.

Anwendung: Bei der Sphärisierung säurehaltiger Basisflüssigkeiten wie Mangopüree oder Cocktails, die den Saft von Zitrusfrüchten enthalten, wird dem Rezept entsprechend zuerst eine genau abgewogene Menge Citras zugesetzt und gleichmäßig verrührt. Erst wenn diese Lösung ausreichend entsäuert wurde, kann die angegebene Menge Algin zugesetzt werden. Um die Sphärisierung in Gang zu setzten, verfahren Sie dann wie bei der Anwendung von Algin beschrieben.

Hinweis: Biozoon bietet kein Produkt an, das zum Entsäuern von Flüssigkeiten beiträgt. Dies ist aufgrund der Streckung der Pulver dieses Herstellers nicht nötig.

CITRAS (NATRIUMCITRAT)

50 ml milder Essig
3 EL Alginat-Stammlösung
1 Prise Citras
5 g Calcic, in 500 ml Wasser aufgelöst
1 mit Olivenöl aufgezogene Spritze plus
Kanüle
Salz, Pfeffer

Den Essig mit der Alginat-Lösung mischen. Die gelierte Lösung mit Zugabe des Citras wieder entspannen. Mit einem Probeklößchen die Festigkeit testen. Bei Bedarf Algin nachdosieren. Nun mit dem Portionslöffel Spähren in dem Calcicbad herstellen. Vorsichtig mit Hilfe des Lochlöffels oder den Fingern die Spähre fixieren und behutsam das Öl hineinspritzen. Nach etwa einer halben Minute in der Lösung in klarem Wasser spülen und, mit Salz und Pfeffer dekoriert, auf Salat servieren.

DRESSINGSPHÄRE

Hinter dem Namen dieses Produkts verbirgt sich ein Calciumsalz. In der Lebensmittelindustrie wird es unter anderem bei der Käseherstellung verwendet. Darüber hinaus dient Calciumchlorid (E 509) als Festigungsmittel, Geschmacksverstärker und als Stabilisator. Die molekulare Küche macht sich die in diesem Salz enthaltenen Calciumionen zunutze. Sie lagern sich an bestimmten Strukturen von Alginatmolekülen an. An dieser Stelle können sich dann weitere Moleküle der gleichen Art anlagern, was letztendlich zur Gelierung, also zur Bildung einer zusammenhängenden Schicht, führt. Ohne die Zugabe von Calciumchlorid wäre dies nicht möglich.

Anwendung: Geben Sie eine entsprechende Menge Calcic-Granulat in eine Schüssel mit Wasser. Wenn Sie die mit Algin versetzte Basisflüssigkeit in diese Lösung eintropfen lassen, bilden sich durch Gelierung die sogenannten Sphären.

Hinweis: Calcic entspricht Calazoon in der Produktpalette von Biozoon.

CALCIC (CALCIUMCHLORID)

100 ml Rote-Bete-Saft
3 EL Alginatlösung
500 ml Calcic-Lösung,
im Essig Zerstäuber

4 Matjes
Dill
10 kleine Cornichons
2 kleine Zwiebeln
Olivenöl
Salz, Pfeffer
300 g Kartoffeln
Muskatnuss

Am Vortag den Rote-Bete-Saft mit der Alginatlösung mischen und dünn auf Bleche laufen lassen, danach vorsichtig mit der Calcic-Lösung besprühen. Über Nacht bildet sich eine sehr flexible Folie. Vor dem weiteren Gebrauch sollte die Folie unbedingt noch abgewaschen werden, denn die Calcic-Lösung hinterlässt einen leicht unangenehmen Beigeschmack.

Den Matjes vorsichtig von Gräten und Tran befreien und in feine Brunoise (feine Würfel) schneiden, Dill fein hacken und dazu geben. Dabei ein paar Dillspitzen für die Dekoration zurücklassen. Cornichons in Würfelchen und die Zwiebeln in ganz feine Ringe schneiden. Den Matjes mit den Gurken und etwas Olivenöl mischen und mit Pfeffer und Salz abschmecken.

Die Kartoffeln schälen, reiben, in ein Tuch geben und auspressen. Mit Pfeffer, Salz und Muskat würzen. Aus der Kartoffelmasse 4 kleine, runde Röstis formen und in ausreichend Öl braten. Danach den Matjes-Tatar auf den Röstis anrichten, mit der Rote-Bete-Folie bedecken und mit Zwiebelringen und Dill garnieren.

ROTE-BETE-FOLIE

AUF MATJES-TATAR MIT RÖSTI

Gluco ist ebenfalls ein Zusatzstoff, der beim Sphärisieren von Flüssigkeiten verwendet wird. Das Pulver besteht aus zwei verschiedenen Calciumsalzen, Calciumgluconat (E 578) und Calciumlactat (E 327). Calciumgluconat, das Calciumsalz der Gluconsäure, ist ein Zusatzstoff, der in der Lebensmittelindustrie als Säureregulator und Stabilisator verwendet und von der EU ohne Höchstmengenbeschränkung zugelassen wird. Bei Calciumlactat handelt es sich um das Calciumsalz der Milchsäure. Auch dieser Stoff wird als gesundheitlich unbedenklich eingestuft. Aufgrund seines hohen Calciumanteils wird Gluco bei der Sphärisierung mit Algin verwendet.

Anwendung: Bereiten Sie am Abend vor der Sphärisierung ein Wasserbad, dem Sie, Ihrem Rezept entsprechend, Algin zusetzen. Sie sollten diesen Arbeitsschritt schon am Vortag erledigen, damit das Algin genug Zeit hat, sich vollständig zu lösen. Der Basisflüssigkeit für die Sphärisierung sollte Gluco immer als erster Stoff zugesetzt werden. Hierbei verfährt man ähnlich wie beim Sphärisieren mit Algin. Wiegen Sie das Gluco ab und führen Sie es zuerst nur zu einem Drittel der Basisflüssigkeit zu. Mixen Sie das Ganze mit einem Stabmixer auf, bis sich das Gluco vollkommen gelöst hat. Immer, wenn Sie mit Gluco bei der Sphärisierung arbeiten, werden Sie zusätzlich Xanthan benötigen. Geben Sie diesen Stoff erst nach dem Gluco zu und mixen Sie alles noch einmal gründlich auf.

Geben Sie erst dann den Rest der Basisflüssigkeit dazu. Stellen Sie die Mixtur für eine Zeitlang kalt, damit die eingeschlagene Luft entweichen kann. Bauen Sie Ihre Arbeitsstation danach wie folgt auf: zuerst kommt die Basisflüssigkeit, dann zwei Schüsseln. Die erste davon sollte das Algin-Bad, die zweite klares Wasser zum Spülen der Sphären enthalten. Geben Sie eine Portion der Basisflüssigkeit auf einen Dosierlöffel und lassen Sie sie in das Algin-Bad gleiten. Nach Ablauf der im Rezept festgelegten „Kochzeit" schöpfen Sie Ihre Sphäre vorsichtig ab und geben sie in das Wasserbad.

GLUCO (GLUCONOLACTAT)

STEAK MIT BONE SUCKIN'-SPHÄRE

100 ml Bone Suckin' Sauce Regular
2 Portionslöffel Calazoon

1 l Wasser
4 g Alginat

Das Calazoon in die Bone Suckin' Sauce rühren.
Aus Alginat und Wasser ein Alginatbad herstellen.

Mit einem kleinen Portionierlöffel die Sauce vorsichtig in das Alginatbad geben. Dies erfordert etwas Übung. Den Löffel immer wieder säubern und nicht vollständig mit der Sauce ins Bad tauchen, sondern nur vorsichtig an der Oberfläche eintauchen.
Nach ein paar Sekunden können die Sphären mit einem Schöpflöffel herausgenommen werden. Anschließend in einem klarem Wasserbad abspülen.

Die Sauce kann nach Belieben mit etwas Cassispüree oder auch mit Mango verfeinert werden.

In der zylindrischen Dose mit dem geheimnisvollen Namen „Eines" verbirgt sich die Werkzeugkiste des Molekularkochs. Zum Beispiel ein Set von vier unterschiedlich großen Messlöffeln, wie sie in amerikanischen Küchen etwa zum Dosieren von Gewürzen, Mehl und anderem üblich sind. Die Messlöffel, die ein Fassungsvermögen zwischen 1,25 und 15 Milliliter haben, dienen in der Molekularküche zur Herstellung von Sphären verschiedener Größen: Kaviar, Murmeln, Ravioli, Gnocchi etc. Entscheidend für die Größe der sphärischen Gebilde ist dabei, wie viel der Basisflüssigkeit sich auf dem Löffel befindet.

Zwei 60 Milliliter-Spritzen, die im Set enthalten sind, werden unter anderem zur Herstellung der kleinen Kaviarperlen oder molekularer Sobanudeln benötigt. Die zu verkapselnde Flüssigkeit wird einfach in die Spritze aufgezogen und dann in das Calcic-Bad (Calciumchlorid) eingetropft bzw. eingespritzt. Der Gelierungsprozess aller Sphären muss durch ihre Spülung in kaltem, klaren Wasser unterbrochen werden, damit ihr flüssiger Kern erhalten bleibt und die Masse nicht komplett geliert. Hierzu verwendet man die beiden Sieblöffel, die ebenfalls Bestandteil des Utensilienkits sind. Schöpfen Sie die Sphären wie mit einem Schaumlöffel aus dem Calcic-Bad und geben Sie sie in kaltes Wasser. Fertig. Allerdings schreitet die Gelierung auch nach dem Spülen in klarem Wasser schleichend weiter fort. daher sollten sphärisierte Flüssigkeiten möglichst zeitnah serviert und nicht über längere Zeit gelagert werden. Nur so bleibt der gewünschte flüssige Kern erhalten.

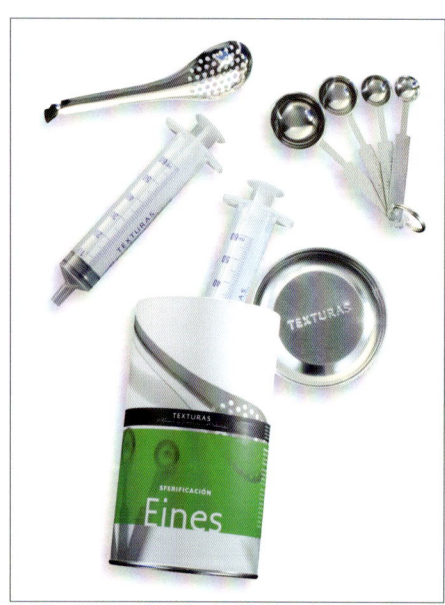

Die Verwendung von Gelen und Gelees ist in der klassischen Küche bereits seit langem Tradition. Bisher wurde hierfür als Geliermittel fast ausschließlich Gelatine verwendet. Dieser transparente und geruchlose Stoff besteht aus tierischem Eiweiß, das aus dem Bindegewebe von Schweinen, Rindern, Geflügel und Fischen gewonnen wird. Aus Knochen und Haut der Tiere wird durch ein spezielles Verfahren (Hydrolyse) wasserlösliches Kollagen extrahiert. Im Handel gibt es Gelatine in Blattform und als Granulat. Vor der Verwendung muss die geschmacksneutrale Gelatine in kaltem Wasser vorquellen. Dies gilt, sofern nichts anderes auf der Packung vermerkt ist. Seit einiger Zeit wird auch Instantgelatine hergestellt, die vor der Verwendung nicht eingeweicht werden muss. Herkömmliche Gelatine kann erst nach dem Vorquellen und Ausdrücken in warmen Flüssigkeiten aufgelöst und weiterverarbeitet werden. Der Schmelzpunkt der Gelatine liegt bei circa 50 Grad Celsius. In der traditionellen Gastronomie wird sie für die Herstellung kalter Gelees, Aspik und für die Bindung von Sahne, Crèmes und Ähnlichem benutzt. In der Molekularküche hat man sich um die Verwendung anderer Geliermittel bemüht, da herkömmliche Gelatine für bestimmte Verwendungen nicht geeignet ist. Wird sie längere Zeit über 80 Grad Celsius erhitzt, verliert sie nach und nach ihre Gelierfähigkeit. Daher ist sie beispielsweise für die Herstellung heißer Gelees oder Crèmes nicht geeignet. Wir möchten Ihnen auf den folgenden Seiten eine Reihe pflanzlicher Alternativen zu normaler Speisegelatine vorstellen, die allen Anforderungen molekularer Rezepte gewachsen und auch für Vegetarier geeignet sind.

GELIEREN

MESSLÖFFEL

SPRITZEN

FLASCHE UND

SCHLAUCH (NUDELN)

PRÄZISIONSWAAGE

GERÄTE

Öffnet man die dekorative Dose mit Ferran Adriàs Wunderpulver, stellt man schnell fest, dass es sich bei ihrem gelblichen, pulverisierten Inhalt um Agar-Agar handelt, wie es auch von anderen, weniger prominenten Herstellern auf den Markt gebracht wird. Diese blaugrüne Dose hat natürlich den Vorteil, dass man zusätzlich darin eine kleine Rezeptbroschüre findet, die Verwendungsmöglichkeiten des Pulvers im molekularen Bereich aufzeigt.

Chemisch gesehen ist Agar-Agar (E 406) ein nach der Zubereitung geschmacks- und weitgehend geruchloser Mehrfachzucker (Polysacharid). Es wird aus den Zellwänden bestimmter Algen extrahiert.

Meist handelt es sich hierbei um Rotalgen wie zum Beispiel Gelidium- oder Gracilaria-Arten. In Asien hat Agar als Gelbildner seit langer Zeit Tradition und wird hier vielfältig eingesetzt. In Europa kennt man diesen Stoff dagegen erst seit dem 20. Jahrhundert. Die Verwendung von Gelatine ist in Asien dagegen vollkommen unüblich. Agar setzt sich aus den beiden Polysachariden „Agarose" und „Agaropektin" zusammen, von denen Ersteres den Hauptbestandteil bildet. Die

Agarose, ebenfalls ein Bestanteil des Agars, ist für seine Bindefähigkeit verantwortlich. Es gibt neben der pflanzlichen Herkunft des Agars aber auch noch eine Reihe anderer Unterschiede zu dem herkömmlichen Geliermittel. Es muss weitaus geringer dosiert werden, da es eine bessere Bindungskraft besitzt als Gelatine. Eine Konzentration von 1:1000 reicht bereits aus, um ein flexibles Gel herzustellen. Auch höhere Temperaturen können Agar-Agar nichts anhaben: Gebundene Flüssigkeiten sind bis 80 Grad Celsius hitzestabil. Daher ist es auch zur Herstellung der in der Molekularküche beliebten heißen Gele geeignet. Fest wird es bereits ab 45 Grad Celsius. Flüssigkeiten, die mit Agar gebunden wurden, müssen also nicht so weit abgekühlt werden wie solche, denen Gelatine Halt gibt. Ein weiterer Vorteil des Agar ist, dass das hiermit gebundene Gele thermoreversibel sind. Das heißt, es kann nach dem Erstarren wieder erwärmt, also verflüssigt und wieder ausgehärtet werden. Mit Gelatine ist dieser Vorgang viel schwieriger, da sie, so strapaziert, sehr schnell an Gelierkraft verliert. Eine Wermutstropfen gibt es allerdings auch beim Agar: Säurehaltige Flüssigkeiten beeinträchtigen die Wirkungsfähigkeit des Algenextrakts.

Anwendung: Agar ist erstaunlich leicht zu handhaben. Es sollte allerdings in kaltem Zustand der Flüssigkeit oder dem Fond zugesetzt werden, den Sie gelieren wollen. Rühren Sie das Pulver mit einem Schneebesen ein und bringen Sie die Basisflüssigkeit unter ständigem Rühren zum Kochen. Gießen Sie das Ganze in die gewünschte Form und lassen Sie es im Kühlschrank gelieren. Sie erhalten ein hitzebeständiges, je nach Dosierung des Agar, schnittfestes Gelee mit sauberen Kanten.

Hinweis: Agar entspricht Agazoon in der Produktpalette von Biozoon.

AGAR (AGAR-AGAR)

Parmesanmolke:
1 kg Reggiano Parmesan
800 ml Wasser

Spaghetti:
16 g Agar-Agar
1 l Parmesanmolke

50 ml Aceto Balsamico
100 g Parmesanfett
100 g Zitronenabrieb
10 g gemahlene Pfefferkörner

Für die Parmesanmolke den Parmesan reiben, in kochendes Wasser legen und eine halbe Stunde ohne weitere Hitze abgedeckt einweichen lassen. Danach durch ein Mulltuch passieren und in einem hohen Gefäß im Kühlschrank abkühlen lassen. Die kalte Mischung bildet drei Schichten. Die erste Schicht ist das Parmesanfett, mit dem die Spaghetti später gewürzt werden. Die zweite Schicht besteht aus Parmesanmolke, aus der die Spaghetti zubereitet werden. Die Sahne in der dritten Schicht, wird hier nicht verwendet.

Die Parmesanmolke mit Agar-Agar aufkochen und noch sehr warm in eine Spritzflasche füllen, dann einen Schlauch aufsetzen und die Flüssigkeit vorsichtig einfüllen bis der Schlauch voll ist. Anschließend den Schlauch vorsichtig von der Flasche trennen. Beide Öffnungen hoch halten, sodass nichts auslaufen kann. Den gefüllten Schlauch sofort in einem Eiswasserbad kühlen. Den Espuma mit Gas füllen und den Aufsatz für die Espumaflasche anbringen. Nun den gefüllten Schlauch auf den Aufsatz stecken und mit viel Gefühl den Espumahebel betätigen. Drückt man zu fest, kommen die Spaghetti herausgeschossen und brechen. Die fertigen Nudeln mit Aceto Balsamico, Parmesanfett, Zitronenabrieb und Pfeffer würzen.

PARMESANSPAGHETTI

Hinter dem wissenschaftlichen Namen „Carrageene" verbirgt sich eine Gruppe ballastoffhaltiger Kohlenhydrate, deren Ursprung, wie auch der des Agar, in den Zellwänden verschiedener Rotalgenarten zu finden ist. Die drei kommerziell wichtigsten Extrakttypen sind die κ-, ι- und λ-Carrageene. Sie werden mit den griechischen Buchstaben Kappa, Iota und Lambda benannt, unterscheiden sich in ihrer elektrischen Ladung und ihrem jeweiligen Gehalt an Einfachzuckern (Galaktose und 3,6-Anhydrogalaktose). Diese drei Carrageen-Extrakte werden zwar alle aus Knorpeltang (Chondrus crispus = Irischmoos), Furcellaria- oder Gigartina-Algen gewonnen, haben jedoch unterschiedliche Geliereigenschaften und verlangen eine individuelle Handhabung. Zur Gewinnung der Carrageene werden die Rotalgen in einer Lösung gekocht, aus der man ihre Extrakte mithilfe von Alkohol auffängt oder durch die Zugabe von Kaliumchlorid geliert und ausfiltert. Getrocknet und gemahlen entstehen pulverartige Carrageene, die in der molekularen Küche vielfältig einsetzbar sind. Dabei sind diese Kappa-, Iota- und Lambda-Algenextrakte nie rein, sondern enthalten auch geringe Anteile der jeweils anderen Typen. In der Lebensmittelindustrie werden Carrageene bereits vielfältig eingesetzt. Sie dienen als Gelier-, Binde- und Verdickungsmittel oder werden als Stabilisatoren verwendet. Man findet sie unter anderem in Crèmes, Shakes, Joghurts und Marmeladen. Kappa (E 407) hat im Vergleich zu den beiden anderen, kommerziell genutzten Typen eine eher geringe elektrische Ladung, aber eine hohe Gelierkraft und reagiert stark mit Milchprodukten.

Anwendung: Kappa sollte immer nur in kalte Flüssigkeiten eingerührt werden. Achten Sie darauf, dass keine Klumpen entstehen und bewegen Sie die Flüssigkeit, bis Kappa sich gelöst hat. Nach dem Aufkochen der zu gelierenden Masse zieht Kappa schnell zu einem festen, spröden Gelee an. Im Gegensatz zu Gelatine sind mit Kappa gebundene Flüssigkeiten bis 70 Grad Celsius hitzebeständig und thermoreversibel. Daher eignet sich Kappa hervorragend für heiße Gelees. Entspricht das erzielte Ergebnis jedoch nicht Ihren Vorstellungen, können Sie die Masse durch nochmalige Hitzezufuhr wieder verflüssigen und erneut gelieren lassen. Da Kappa beim Erkalten sehr schnell fest wird, eignet es sich gut für Überzüge bei anderen Zubereitungen. Um einen Lolli mit Geleehülle herzustellen, stecken Sie das zu überziehende Material beispielsweise auf einen Holzspieß oder Ähnliches und ziehen es mit einer schnellen Bewegung durch die warme, mit Kappa gebundene Flüssigkeit. Je kälter das zu überziehende Nahrungsmittel, desto schneller wird die Geleehülle erstarren und in Form bleiben. Wie bei den meisten Algenprodukten verliert jedoch auch Kappa an Gelierkraft, kommt es mit säurehaltigen Flüssigkeiten in Kontakt.

Hinweis: Biozoon bietet kein Produkt auf der Basis von κ-Carrageen an. Alle Rezepte hierfür können jedoch mit lotazoon hergestellt werden.

KAPPA (K-CARRAGEEN)

je 200 ml Pürees von Feige, Cassis,
Blutpfirsich, Birne von Boiron
je 1,6 g Kappa
Süßwein
Zucker

200 ml Püree passieren und mit 1,6 g
Kappa vermischen, mit Süßwein oder
nach Geschmack auch Zucker verfeinern.
Jeden Fruchtbrei aufkochen, umfüllen
und kalt werden lassen. Danach die
Gelees entweder in Scheiben schneiden
und zu Käse servieren oder zum Füllen
von Käse verwenden.

Am besten passt eine Auswahl von Schnitt- und Weichkäse, Ziegen- und Frischkäse. Dieses Rezept eignet sich natürlich auch für andere Pürees wie Papaya oder Ananas.

OBSTPÜREES SCHNITTFEST

IOTA (I-CARRAGEEN)

Wie viele andere Gelbildner (Proteine und komplexe Kohlenhydrate), unter anderem Stärke, Pektin, Agar oder Gelatine, sind Carrageene Hydrokolloide: Das heißt, sie können aufgrund ihrer elektrischen Ladung in relativ großen Mengen in Wasser gelöst werden, binden es und verursachen so eine Viskositätserhöhung. Die betreffende Flüssigkeit verliert somit an Flexibilität und geliert. Industriell gesehen, werden Hydrokolloide oft zur Stabilisierung von Zubereitungen wie Puddings, Crèmespeisen und Ähnlichem benutzt. Der große Vorteil von Iota ist seine Eigenschaft, sich im Falle einer Zerstörung wieder zurückzubilden. Zerreißt also ein mit Iota gebundenes Gelee, nimmt es nach einer Ruhephase wieder seine ursprüngliche Gestalt an. Wie auch Kappa wird dieses Pulver aus Rotalgen gewonnen und trägt die gleiche Kennzeichnung für Lebensmittelzusatzstoffe (E 407). Iota bildet jedoch weichere Gelees aus, die eine hohe Elastizität aufweisen und thermoreversibel sind. Sie können daher je nach Bedarf geliert oder wieder verflüssigt werden. Da Iota bis circa 80 Grad Celsius hitzestabil ist, lassen sich damit auch heiße Gelees herstellen. Geringer dosiert, lassen sich mit Iota Suspensionen, also Flüssigkeiten mit erhöhter Viskosität, herstellen, in denen andere Festbestandteile in der Schwebe gehalten werden können. In der Praxis bedeutet das, dass Sie einen molekularen Cocktail herstellen könnten, in dem Sie entsprechend kleine Sphären (Kaviar) schweben lassen.

Anwendung: Iota sollte unter ständiger Bewegung in kalte Flüssigkeiten eingerührt und erst dann erhitzt werden. Die Masse geliert ab 80 Grad Celsius und bildet dann ein flexibles Gel aus. Dabei reichen schon sehr geringen Mengen aus, um die verwendete Flüssigkeit komplett zu binden.

Hinweis: Iota entspricht Iotazoon in der Produktpalette von Biozoon.

500 g Bisonfilet
4 Scheiben Entenstopfleber
50 ml Trüffeljus, mit kleinen Trüffel-
würfelchen abgeschmeckt
1 g Iota
Fleur de Sel
schwarzer Pfeffer aus der Mühle

Das Bisonfilet von der Kette und den Sehnen befreien und das Mittelstück herausschneiden. Mit Fleur de Sel und Pfeffer einreiben und in der Pfanne anbraten. Danach im Bohner Garomat bei 68 °C bis zur Kerntemperatur von 55 °C weiter garen.
Entenstopfleber in einer heißen Pfanne von beiden Seiten goldbraun anbraten und im Ofen bei 160 °C garziehen lassen, danach mit Fleur de Sel und Pfeffer würzen.

Iota in die Trüffeljus rühren, kurz auskochen lassen, auf eine glatte Fläche geben und kühl stellen. Danach kann die dünne Trüffelschicht auf das Fleisch gelegt und warmgestellt werden.

Das pulverförmige Gellan ist ein langkettiges Kohlenhydrat, das aus den chemischen Bausteinen D-Glucose, D-Glukuronsäure und L-Rhamnose besteht. Es wird vom menschlichen Körper nicht verstoffwechselt, sondern als Ballaststoff aufgenommen und kann bei übermäßigem Verzehr abführend wirken. Gellan (E 418) gilt als gesundheitlich unbedenklich und ist sowohl in den USA, als auch innerhalb der Europäischen Union als Lebensmittelzusatzstoff zugelassen. Industriell dient dieses Hydrokolloid sowohl als Gelier- und Suspensionsmittel, aber auch als Stabilisator in Marmeladen, Gelees und Getränken. Wird Gellan zusammen mit anderen Hydrokolloiden eingesetzt, verstärkt es die gelbildnerischen Eigenschaften von Stoffen wie Xanthan, Johannisbrotkernmehl (E 410) oder modifizierten Stärken (E 1404). Gellan wird durch die Stoffwechselprozesse der Bakteriengattung Sphingomonas elodea gebildet und benötigt calciumhaltige Flüssigkeiten, um effektiv und langlebig zu gelieren. Je nach Art des Gellans können in der Küche harte oder elastische Gelees hergestellt werden.

GELLAN (GELLANGUMMI)

Anwendung: Gellan sollte nur zur Bindung weitgehend ungesalzener Flüssigkeiten verwendet werden, da es sonst an Gelierkraft verliert. Auch stark säurehaltige Massen sollten nicht mit Gellan angedickt werden. Die zu bindende Lösung sollte auf 85 Grad Celsius erhitzt und danach abgekühlt werden. Der Zusatzstoff eignet sich für die Herstellung klarer, stabiler Gelees, die durch saubere Schnittflächen überzeugen und bis 90 Grad Celsius hitzestabil sind.

Hinweis: Gellan entspricht Gellazoon in der Produktpalette von Biozoon.

TOMATEN GELATINEN

250 ml Tomatenessenz
5 g Gellan

Die Tomatenessenz mit Gellan mixen und aufkochen lassen. Dann in ein kleines Gefäß geben und abkühlen lassen. Dabei verfestigt sich die Tomatenessenz. Zum Servieren die Essenz in Stücke brechen, in Scheiben oder Würfel schneiden. Bis 70 °C kann sie, ohne wieder zu schmilzen, erhitzt werden.

Alternativ erhält man mit 6 g Gellan auf 250 ml Essenz eine Masse, die fest genug ist, um sie mit einer Reibe oder Aufschnittmaschine zum Beispiel zu Salat zu verarbeiten.

Methylcellulose ist in der Molekularküche ein relativ neues Produkt. Dieser Cellulosemischether ist einer der Stoffe, die es dem Koch erlauben, seinen Gästen überraschende und außergewöhnliche Gerichte zu präsentieren. Zum Beispiel eine Sobanudel aus Olivenöl, die erst fest wird, wenn sie in eine heiße Brühe eingespritzt wird. Das ist deswegen ungewöhnlich, weil die Meisten annehmen, dass Gelees bei Abkühlung fest werden. Bei Methylcellulose (E 461) ist es jedoch genau umgekehrt: Lösungen, die sie enthalten, gelieren, wenn sie erhitzt werden und verflüssigen sich wieder beim Erkalten. Auch dieser Stoff ist thermoreversibel. Sein Aggregatzustand kann durch Erwärmung und Abkühlung mehrfach verändert werden.

Methylcellulose kommt in der Natur nicht vor und muss industriell hergestellt werden. Dabei wird pflanzliche Cellulose (z.B. aus den Zellwänden von Baumwolle, Flachs oder Gemüse) mit Methylchlorid behandelt. Je nach Anzahl der somit an das Molekül angelagerten Methylgruppen können unterschiedliche Arten von Methylcellulose hergestellt werden. Im Gegensatz zur Cellulose ist ihr Mischether wasserlöslich. Man sollte jedoch darauf achten, die Methylcellulose immer nur in kalten Flüssigkeiten, nicht aber in heißen Lösungen anzurühren. Methylcellulose ist ungiftig, nicht allergen, unverdaulich und wird in der industriellen Produktion von Lebensmitteln und Kosmetika unter anderem als Emulgator, Schaumbildner, Verdickungs- und Suspensionsmittel eingesetzt. Man findet sie aufgrund ihrer Konsistenz und formerhaltenden Eigenschaften in Speiseeis, Tortencrèmes und Mayonnaise, aber auch in Shampoos oder flüssigen Seifen.

Anwendung: In kalten Flüssigkeiten gelöst, wirkt Methylcellulose als Verdickungsmittel, das die Viskosität der Lösung erhöht, also zähflüssiger macht, aber nicht geliert. Damit eignet sie sich zur Herstellung kalter Suspensionen oder zum Andicken von Crèmespeisen. In jedem Fall muss die Methylcellulose kräftig, am besten mit einem Mixer, eingearbeitet werden und die betreffende Flüssigkeit vor der Verwendung ruhen. Wird die Masse im Anschluss erhitzt, beginnt die Methylcellulose ab circa 55 Grad Celsius zu gelieren. Bei Abkühlung verflüssigt sich das Ganze dann wieder.

Hinweis: Statt Metil kann Celluzoon aus der Produktpalette von Biozoon verwendet werden.

METIL (METHYLCELLULOSE)

EDELPILZBURGER VEGETARISCH

150 ml Pilzfond
5 g Metil
je 50 g braune Champignons, Pfifferlinge
und Steinpilze
1 Schalotte, in feine Würfel geschnitten
je 1 Zweig Rosmarin und Thymian
1 TL Tomatenmark
Salz

Das Metil im Pilzfond auflösen und ruhen lassen, bis keine Luftblasen mehr zu erkennen sind. Anschließend die Masse auf 4 °C abkühlen, damit sie richtig bindet.

Die Pilze in kleine Würfel schneiden und mit den Schalottenwürfeln in einer Pfanne anschwitzen. Rosmarin und Thymian dazu geben. Mit Tomatenmark etwas binden und mit Salz abschmecken. Auf einem flachen Blech auskühlen lassen und die Kräuter entnehmen. Die Pilzmasse mit der Metilmasse binden, gleichmäßige Pilzscheiben formen und in der Pfanne braten. Die Hitze verfestigt das Metil und hält die Pilzburger zusammen.

Zum Anrichten den Pilzburger auf ein Brötchen legen und mit weißer Trüffelmayonnaise, Cocktailtomaten, blanchierten Nopales Kaktusblättern und gebackener Champignonscheibe servieren.

PILZKLÖßCHEN IN TOMATENCONSOMMÉ

Als Variante kann man aus der Pilzmasse auch kleine Klößchen formen und diese in eine Tomatenconsommé geben.

Kartoffelblini:
500 g Kartoffeln (gekocht, geschält)
15 g Metil
ca. 200 ml Kochwasser
50 ml Olivenöl
Salz, Pfeffer

Sauerrahmschaum:
100 g Qimiq
120 ml Milch
20 ml Mitsukanessig
Salz, Pfeffer
100 g Eiweiß

Für die Kartoffelblini die gekochten Kartoffeln mit ca. 200 ml vom Kochwasser und 15 g Metil im Thermomixer zu einer dickflüssigen Masse pürieren. Je nach Konsistenz der Kartoffeln kann der Wasseranteil variiert werden.
Das Olivenöl hinzufügen und mit Salz und Pfeffer abschmecken. Anschließend kalt stellen, bis die Masse auf mindestens 4 °C abgekühlt ist, da ansonsten das Metil nicht wirkt. Danach die Masse in einen Espuma Sprayer füllen, Deckel und Patrone aufschrauben. Mit dem Sprayer kleine Blini in eine heiße, beschichtete Pfanne spritzen und ohne Fett braten, bis sie goldbraun sind.

Für den Sauerrahmschaum Qimiq mit der Milch glattrühren und danach mit Essig, Salz und Pfeffer abgeschmeckt, zusammen mit steif geschlagenem Eiweiß in einen Espuma Sprayer füllen. Deckel schließen, Patrone hinzufügen und kaltstellen. Die Blini werden mit dem Sauerrahmschaum angerichtet und mit Dillspitzen und Desietra Superior Kaviar serviert.

KARTOFFELBLINI MIT SAUERRAHMSCHAUM UND ZWEIERLEI KAVIAR

EMULGIERUNG

Nicht erst seit die Avantgardeküche auf dem Vormarsch ist, sind in modernen Küchen Schäume eine beliebte Zubereitung. Vor allen Dingen Suppen und Saucen werden schon seit Jahren mit Luft aufgeschlagen. Als Hilfe nahmen die Köche meist geschlagene Sahne und/oder Butter, die sie mit einem Stabmixer kurz vor dem Servieren in die warmen Speisen einarbeiteten. Die molekulare Küche mit ihren Hilfsmitteln bietet nun die Möglichkeit, sowohl kalte, als auch warme Flüssigkeiten ohne die Zugabe von tierischen Fetten aufzuschäumen. Ein weiterer Vorteil, der sich aus der Zugabe neuer Pro-

dukte der avantgardistischen Küche ergibt, ist die längere Standfestigkeit der Schäume. Wo vorher sehr schnell gearbeitet werden musste, damit ein Schaum bei Tisch noch das Volumen hält, das er in der Küche hatte, geben Texturas und Biozoon heute die Sicherheit eines recht stabilen Schaums, der dauerhaft optisch ansprechend serviert werden kann.

Verwandt mit den traditionelleren Schäumen sind die Espumas der Avantgardeküche. Ferran Adrià hat diese Form der Schäume bekannt gemacht. Auch sie können heiß oder kalt serviert werden. Man benötigt für die Herstellung lediglich eine Grundzubereitung, die mit Hilfe molekularer Hilfsmittel stabilisiert sein kann, aber nicht muss. Mit Hilfe eines Sahnesyphons wird ein Schaum erzeugt, der einen stabilen Stand besitzt. Hierfür benötigen Sie Stickstoffkaspeln, die in jedem gut sortierten Haushaltsbedarf erhältlich sind.

LECITE (SOJALECITHIN)

Lecithin, ein Stoff aus der Gruppe der Glycerophospholipide, besteht überwiegend aus Phosphatidylcholin. Das klingt nach Fachchinesisch. Ist es auch. Übersetzt für Laien bedeuten diese Fremdwörter nichts anderes, als dass Lecithin ein Stoff ist, der zu den Lipiden zählt, worunter der Volksmund Fettstoffe versteht. Das ist zwar chemisch nicht vollständig korrekt, denn zur Stoffgruppe der Lipide gehören auch Substanzen, die nicht ohne weiteres als Fette bezeichnet werden können. Aber diese Vereinfachung ist dem allgemeinen Verständnis sehr zuträglich. Um es wissenschaftlich etwas genauer zu umschreiben: Lecithin besteht aus verschiedenen Einzelkomponenten, die sich zu einem Molekül verbinden. Bestandteile des Lecithins sind unter anderem verschiedene Fettsäuren (Linolsäure, Ölsäure, Palmitinsäure, etc.), Glycerin (Alkohol), Phosphorsäure und Cholin (biogenes Amin, das zur Gruppe der B-Vitamine gezählt wird). Lecithin ist ein in der Natur recht weit verbreiteter Stoff, der unter anderem in Sojabohnen, Weizenkeimen, Eigelb, aber auch in

tierischem und menschlichem Gewebe vorkommt. Der Hauptanteil des weltweit produzierten pflanzlichen Lecithins wird heute aus Sojabohnen gewonnen. Vor drei Jahren belief sich die globale Produktion der Hülsenfrüchte auf deutlich mehr als 200 Millionen Tonnen. Die Haupterzeugerländer sind derzeit die Vereinigten Staaten von Amerika, dicht gefolgt von Brasilien und Argentinien. Da der Löwenanteil der weltweit verarbeiteten Sojaprodukte in diesen und anderen Ländern angebaut wird, in denen der Einsatz von gentechnisch verändertem Saatgut nicht gesetzlich verboten ist und daher große Anwendung findet, ist beim Kauf dieser Produkte einige Vorsicht geboten. Zumindest, wenn man als Verbraucher gerne auf den Konsum sogenannter GVO (gentechnisch veränderte Organismen) verzichten möchte. Als Faustregel gilt: Nur Sojaprodukte, auf

deren Verpackung eindeutig ausgewiesen ist, dass es sich um GVO-freie Waren handelt, sind es auch. Lecite, das Sojalecithin (E 322) aus der Texturas-Serie, wird ausschließlich aus gentechnisch unveränderten Sojabohnen hergestellt. In der herkömmlichen Küche werden die Lecithine schon seit langer Zeit als Emulgatoren benutzt. Das heißt, man nutzt ihre Eigenschaft aus, Fette und Wasser verbinden zu können. Deshalb wird bei der Massenherstellung von Mayonnaise auch lecithinhaltiges Eigelb zugefügt.

Anwendung: Bei molekularen Herstellungen kann Lecithin mehrere Funktionen haben. Zum einen helfen seine Eigenschaften als Emulgator und Stabilisator bei der Zubereitung von Espumas und Saucen. Sie erhalten durch die Zugabe von Lecithin eine bessere Standfestigkeit und stabile Dichte. Bei der Verarbeitung von Schokolade ist Lecithin in der Lebensmittelindustrie bereits seit Jahren im Einsatz. Die Schokoladenmasse kann durch die Zugabe dieses Stoffes verflüssigt werden (Viskositätsverringerung). Besonders bei der Herstellung feiner Überzüge ist dies von Nutzen. Zum anderen verhindert Lecithin die Fettreifbildung, also das Blindwerden von Schokolade durch das Ausfällen der Kakaofette. Bei Zubereitungen, die hohe Temperaturen erfordern, ist Lecithin allerdings nicht verwendbar, da es nicht hitzestabil ist. Lecithin ist gut wasserlöslich und sollte mit einem Stabmixer in Flüssigkeiten eingeschlagen werden. Zur Herstellung von Lüften und Schäumen wird die mit Lecithin versetzte Flüssigkeit in ein hohes Gefäß gegeben und mit dem Stabmixer dicht unter der Oberfläche aufgeschlagen.

Hinweis: Lecite entspricht Emulzoon in der Produktpalette von Biozoon.

MESSLÖFFEL

MESSBECHER /

BECHERGLAS

STABMIXER

ESPUMASPRAYER +

GASPATRONEN

PRÄZISIONSWAAGE

ROTWEINBIRNE MIT KLARER VANILLESAUCE

150 g Zucker
500 ml Rotwein, Schneider „Black Print"
1 Sternanis
1 Zimtstange
2 schöne, reife Birnen, geschält, halbiert
und entkernt
2 Vanilleschoten
1 Flasche (250 ml) Gegenbauer Traubensaft „Muskat Ottonell"
2–3 g Xantana
1,5 g Lecite

Den Zucker in einem kleinen Topf schmelzen, mit dem Rotwein und den Gewürzen ablöschen und die Birnenhälften dazugeben. Einmal aufkochen lassen und über Nacht ziehen lassen. Die Vanilleschoten halbieren, in den Traubensaft geben und leicht erwärmen. Das Xantana einmixen und über Nacht stehen lassen, damit die Luftbläschen sich lösen. Zum Servieren die Birnen leicht erwärmen, die Vanillesauce in die Birnen geben und den übrigen Fond mit dem Lecite aufmixen, sodass ein schöner Schaum entsteht.

Pinker Kokos-Curry-Schaum
1 Dose Kokos Milch (sehr fettarm)
1 EL Purple Curry von Ingo Holland
100 ml Fischfond
Salz, Pfeffer
2 TL Lecite

Die Kokosmilch mit dem Fond und dem Curry kräftig aufkochen und abschmecken. Das Lecite zugeben, mit dem Mixer kurz einarbeiten und für eine Minute stehen lassen. Danach, am besten in einem großen Gefäß, zu einem Schaum aufmixen. Je fettfreier die Schaumlösung, desto luftiger wird der Schaum. Der Mixer sollte nicht zu tief in die Flüssigkeit gleiten und nicht zu weit oben sein, weil er sonst den Schaum zerstört.

Pernodschaum
100 ml Pernod
250 ml Gemüsefond
Zucker
Salz, Pfeffer
Zitrone

Salicornschaum
4 Päckchen Salicorn
200 ml Gemüsefond
Eiswasser
Salz, Pfeffer

**Knoblauch-Safran-
Aiolischaum**
1 große Knoblauchzehe
250 ml Gemüsefond
1 Msp. Safran
Salz
Noilly Prat
Olivenöl

Sucro ist ein synthetisch gewonnener Zuckerester (E 473). Um diesen Stoff herzustellen, bedarf es eines mehrschrittigen, chemischen Verfahrens, bei dem Saccharose (Haushaltszucker) mit verschiedenen Fettsäuren reagiert. Hierbei handelt es sich meist um Palmitin- bzw. Stearinsäure. Die Fettsäuren können, je nach Hersteller, pflanzlicher (Soja- oder andere pflanzliche Öle) oder tierischer Herkunft sein. Als Zuckerester gehört Sucro zu den Emulgatoren. Das heißt, dieser Stoff hilft Substanzen bzw. Flüssigkeiten, sich miteinander zu verbinden, die natürlicherweise inkompatibel wären wie zum Beispiel Fette und Wasser. Die Reaktionsrichtung des Zuckeresters (Emulgation von Wasser in Fett oder Fett in Wasser) richtet sich nach seinem HLB-Wert (engl. hydrophyllic-lipophillic-balance). Dieser Wert wird auf einer Skala von

1 bis 20 bestimmt. Zuckerester mit HLB-Werten zwischen 3 bis 8 gelten als lipophil (Wasser-in-Öl-Emulgatoren), zwischen 8 bis 18 als hydrophil (Öl-in-Wasser-Emulgatoren). In der Lebensmittelindustrie wird gerne Mehl mit Zuckerester behandelt, um geschmeidige, gut bindende Teige herzustellen. Aber auch bei der Produktion von Crèmes, Sahne, Speiseeis, Getränken, Süßigkeiten, Schokolade und aufgrund ihrer bakteriostatischen Wirkung bei der Oberflächenbehandlung von Obst werden Zuckerester verwendet. Da sie, in großen Mengen konsumiert, abführend wirken, sollte die Tagesverzehrmenge von 30 Milligramm pro Kilogramm Körpergewicht nicht überschritten werden. Im Allgemeinen gelten Zuckerester von Speisefettsäuren jedoch als gesundheitlich unbedenklich und sind EU-weit in der Lebensmittelproduktion zugelassen.

SUCRO

Anwendung: Aufgrund seines HLB-Wertes ist Sucro ein hydrophiler Zuckerester und wird zur Herstellung von Öl-in-Wasser-Emulsionen verwendet. Daher muss Surco zuerst in der wässrigen Flüssigkeit aufgelöst werden, bevor das Öl zugegeben werden kann. Die Vorteile dieses Produkts sind seine hohe Stabilität und seine Fähigkeit, Zubereitungen einen perlmuttartigen Schimmer zu verleihen.

100 ml Gemüsefond
Wasabi nach Geschmack
100 ml Rapsöl
1 g Sucro
2 g Xantana
1,1 g Glice
Salz

Den Gemüsefond mit dem Wasabi und dem Sucro mischen, das Xantana darunter heben und etwas stehen lassen. Das Öl mit dem Glice leicht erwärmen bis sich die Flocken aufgelöst haben. Etwas abkühlen lassen. Nun das Öl langsam in den Fond geben und mixen oder sehr kräftig verrühren. Mit Salz abschmecken und zu Sushi servieren.

SUSHI MIT WASABIMAYONNAISE OHNE EI

Sushi-Variante mit Wasabimayonnaise

Bei diesem Hilfsmittel der molekularen Küche handelt es sich um ein Mono- und Diglyzerid (E 471). Chemisch gesehen sind dies Verbindungen aus Glycerin und einer Fettsäure. Wie Zuckerester werden diese Spalt- und Abbauprodukte von Speisefettsäuren synthetisch hergestellt. In der Lebensmittelindustrie bieten sich für Mono- und Diglyzeride vielfältige Verwendungsmöglichkeiten: Teiglockerung bei Backwaren, Verhinderung von Kristallbildung an der Oberfläche von Fetten (Margarine), Stabilisierung von Sahne, Emulgieren von Mayonnaise und Crèmes oder Verflüssigung von Schokoladenmassen. Glyceride sind EU-weit für Nahrungsmittel ohne Höchstmengenbeschränkung zugelassen und gelten als gesundheitlich unbedenklich.

Anwendung: Im Gegensatz zu Sucro hat Glice einen niedrigen HLB-Wert und ist somit lipophil. Daher muss es bei der Herstellung von Emulsionen zuerst in Öl gelöst werden. Es dient als Emulgator zur Herstellung von Wasser-in-Öl-Verbindungen. Glice kommt in Flockenform in den Handel, die sich bei der Zugabe zu flüssigen Fetten beim Erhitzen bis 60 Grad Celsius auflösen. Dann kann das Öl, wie bei der Herstellung von Mayonnaise, in einem dünnen Strahl langsam der wässrigen Lösung zugegeben werden.

GLICE

500 ml Tomatensaft (Gegenbauer)
3 EL Crutomat
(getrocknete Tomatenflocken)
1 Tropfen Basilikumessenz (Sosa)
100 ml Olivenöl Hojiblanca
3 g Glice
50 g Procrema
blanchierter, wilder Spargel

Den Tomatensaft mit dem Crutomat und der Basilikumessenz mixen. Das Olivenöl mit dem Glice vermengen und so lange erhitzen, bis sich das Glice komplett aufgelöst hat. Das Olivenöl in den Tomatensaft rühren, das Procrema hinzufügen und gut mixen. Die Masse in einen Pacossierbecher füllen und einfrieren. Im Pacojet pacossieren. Nocken von dem Eis abstechen und mit blanchiertem wildem Spargel anrichten.

PURES TOMATEN-OLIVENÖLEIS

EMULGIERUNG

Emulsionen sind ein spannender Bestandteil der Küchenchemie. Unter einer Emulsion versteht man die Verbindung von Flüssigkeiten, die aus chemischer Sicht normalerweise inkompatibel sind wie zum Beispiel Fett und Wasser. Gießt man ein beliebiges Öl in ein Glas Wasser, schwimmt das Öl immer an der Oberfläche. Es bildet eine eigene Phase, weil Fett eine andere Dichte hat als Wasser. Es ist leichter und lässt sich weder durch rühren, noch schütteln mechanisch einarbeiten. Um eine Verbindung der beiden Flüssigkeiten zu erreichen, bedarf es eines Emulgators. Dieser kann natürlicher

Herkunft sein oder synthetisch hergestellt. Es gibt Flüssigkeiten, bei denen es sich von Natur aus um Emulsionen handelt wie zum Beispiel Milch oder Sahne. Hier dient das Milcheiweiß als Emulgator, der Fett und Wasser verbindet. Eine der ältesten in der Küche hergestellten Emulsionen sind die Mayonnaise oder die Sauce Hollandaise, die traditionell mit Eigelb (Lecithin) emulgiert werden. Aber auch Senf, zum Beispiel in einer Vinaigrette, hat emulgierende Eigenschaften. Emulgatoren haben die Fähigkeit, die Oberflächenspannung von Flüssigkeiten herabzusetzen. Ihre Moleküle besitzen sowohl hydrophile (= wasserbindende) als auch lipophile (= fettbindende) Eigenschaften, die wie

eine Art Klammer zwischen Fett und Wasser wirken und sie somit verbinden. Die avantgardistische Küche macht sich Produkte zunutze, die weit effektiver sind als Eigelb oder Senf, was auch komplizierte Emulsionen ermöglicht. Nachfolgend wollen wir einige dieser Stoffe vorstellen.

Bei Xanthan handelt es sich um ein langkettiges Kohlenhydrat, das aus verschiedenen Einfachzuckern besteht. Der Stoff wird von der Bakteriengattung Xanthomonas campestris aus zuckerhaltigen Stoffen oder Lösungen gewonnen. Lebensmittelchemisch wird es zu den Ballaststoffen gerechnet, da es vom menschlichen Körper nicht metabolisiert werden kann. Von der EU wird Xanthan in der Lebensmittelindustrie als Gelier- und Verdickungsmittel in einer ganzen Reihe von Produktbereichen zugelassen, unter anderem in Backwaren, Suppen, Soßen, Konfitüren und Speiseeis. Xanthan besitzt gute Quell- und Wasserbindungseigenschaften und ist daher auch in der Molekularküche ein gern gesehener Gast. Es kann herkömmliche Roux und Stärken ersetzen, da es im Gegensatz zu diesen nur in kleinen Mengen verwendet werden muss und den Geschmack der gebundenen Speisen nicht verfälscht. Xanthan kann sowohl heiße und kalte, als auch alkoholische Flüssigkeiten andicken. Da es Flüssigkeiten eine hohe Dichte verleiht, wird es in der Molekularküche auch gerne als Suspensor oder zur Herstellung von süßen oder salzigen Crèmes verwendet.

Anwendung: Besonders im Cocktailbereich sind Suspensionen sehr attraktiv. Hierfür wird ein Basisalkohol mit Xanthan so angedickt, dass zugegebene Elemente wie Früchte oder Sphären in der Flüssigkeit schweben, statt auf den Grund des Glases abzusinken. Hierfür müssen Sie lediglich einen klaren Alkohol mit der entsprechenden Menge Xanthan aufmixen, abpassieren und eine Zeitlang kaltstellen, damit die eingeschlagene Luft entweichen kann. Geben Sie dann die gewünschten Einlagen in Ihren Cocktail und Sie werden sehen, dass sie in der Flüssigkeit zu schweben scheinen. Die Herstellung von Crèmes aus entsprechenden Fonds ist ebenso einfach wie die Herstellung molekularer Cocktails. Die Basisflüssigkeit wird mit Xanthan zu einer cremigen Masse aufgemixt, kühl gestellt, angerichtet und fertig.

Hinweis: Xanthan entspricht Xanthazoon in der Produktpalette von Biozoon.

XANTANA (XANTHAN)

111

1 l Tomatenconsommé
2,5 g Xantana

Als Suppeneinlage:
300 g blanchierte Brunoise (kleine Würfel) von gelber, roter, grüner Paprika
100 g feinstes Tomatenconcassé (gehackte Tomaten)
100 g Gurkenbrunoise
50 g Croûtons

GAZPACHO IN SUSPENSION

Das Xantana in der Tomatenconsommé auflösen und ca. 24 Stunden kalt stellen, bis keine Luftblasen mehr zu erkennen sind. Kurz vor dem Anrichten das Gemüse zur Tomatenconsommé geben und in ein durchsichtiges Gefäß füllen. Das Xantana hält das Gemüse in der Schwebe.

Gelierte Gazpacho-Variante

EFFEKTMITTEL

Die folgende Kategorie bezieht sich lediglich auf die Texturas von Ferran Adrià. Vermarktet werden diese drei Produkte unter der Überschrift „Surprises". Diese Produkte sind nicht wegen ihrer gemeinsamen Wirkungsweise zusammen gruppiert, sondern weil sie den Hauptbestandteil einer Zubereitung bilden können. Lassen Sie sich überraschen.

Malto oder Maltodextrin wird durch ein physikalisch-chemisches Verfahren aus Stärke hergestellt (Hydrolyse). Bei diesem Spaltungsprozess geht Maltodextrin als Endprodukt hervor. Es handelt sich hierbei um ein sehr gut wasserlösliches Kohlenhydratgemisch in Pulverform, das sowohl aus Mono-, als auch aus Disacchariden besteht. Da Maltodextrin nur über eine geringe Süßkraft verfügt, kann es in allen Küchenbereichen eingesetzt werden und ist auch für salzige Zubereitungen geeignet. Aufgrund seiner ernährungsphysiologischen Eigenschaften ist Maltodextrin oft in Sportgetränken und energiereicher Schonkost (Krankenhausnahrung) enthalten. In der Lebensmittelindustrie wird es auch als Stabilisator und Füllstoff eingesetzt.

Anwendung: Malto ist ein sehr leichtes, schneeweißes Pulver mit großem Volumen, das aus Tapioka hergestellt wird. In der Molekularküche kann es zur Herstellung sogenannter Nuggets in Verbindung mit Schokolade oder Nussölen und leichter Teige eingesetzt werden. Das entstehende Gebäck ist extrem leicht und hat eine mürbe Struktur. Es lässt sich in kalten und heißen Flüssigkeiten sehr gut auflösen und absorbiert Fette in großen Mengen. Dies ist vor allem bei der Herstellung aromatisierter „Krumen" von Vorteil.

Hierfür wird Malto abgewogen und gleichmäßig mit der halben Gewichtsmenge eines bestimmten Öls vermischt. Malto bindet das Öl und es entsteht eine krümelige Masse, die sich gut zur Dekoration von Tellern oder zum Aromatisieren von Fleisch und Fisch eignet. Darüber hinaus kann Malto zum Entfetten von Brühen und Saucen in der warmen Küche verwendet werden. Die Anwendung ist sehr einfach: Malto in die Flüssigkeit einstreuen, das Fett bindet sich und kann mit einem feinen Haarsieb einfach abgeschöpft werden.

MESSLÖFFEL

PRÄZISIONS-

WAAGE

GERÄTE

GOLDNUGGETS

50 g Malto
100 g flüssige Schokolade
Goldfarbe von Copyform

Malto mit der flüssigen Schokolade mischen, bis kleine Klumpen entstehen. Danach alles mit Handschuhen weiter verkneten. Die entstandenen krümeligen Klümpchen in einer heißen Pfanne so lange schwenken, bis sie fest geworden sind. Danach die Goldfarbe dazugeben und weiter schwenken, bis sie von einem Goldschimmer überzogen sind. Die Nuggets abkühlen lassen und mit etwas Erdbeersauce servieren.

Fizzy ist ein relativ geschmacksneutrales Brausegranulat. Es besteht aus Zucker, Sodium-Bicarbonat, Zitronensäure, Glucose und natürlichem Aroma. Sodium-Bicarbonat ist eigentlich ein Backtriebmittel. Der Triebeffekt, der Brote und Gebäck lockert, entsteht durch das Zusammenwirken mit bestimmten Säuren (Zitronen- oder Weinsäure).

In handelsüblichen Brausepulvern reagiert es jedoch mit der immer enthaltenen Zitronensäure in Verbindung mit Wasser. Es entsteht Kohlensäure, deren Abbauprodukte das Gas Kohlenstoffdioxid und wiederum Wasser sind. Das entstehende Gas erzeugt den Sprudeleffekt, der für Brause typisch ist. Fizzy ist ein in unregelmäßig geformte Stäbchen gepresstes Brausepulver. Zermahlen hat es eine sehr feine Struktur. Es schmeckt nur leicht säuerlich und eignet sich daher für ein Zusammenspiel mit fast allen Geschmacksrichtungen.

Anwendung: Dieses Produkt eignet sich für die Verwendung in der Patisserie. Es kann entweder als Ganzes, mit Karamell, Fondant oder Schokolade ummantelt, serviert werden. Fein gemahlen verleiht es Sorbets, Speiseeis, Fruchtpürees und Crèmes einen interessanten Effekt.

175 g Zucker
25 g Glukose
1 EL Wasser
150 g Eiweiß
7,5 Blatt Gelatine
60 g Puderzucker
190 g Speisestärke

50 g Fizzy
50 g Isomalt Zucker

12 Himbeeren
Minze

Zucker, Glukose und Wasser zusammen zu einem Faden kochen. Nebenbei das Eiweiß in einer Küchenmaschine fest schlagen und den noch heißen Zucker langsam zum Eiweiß geben. Danach im heißen Zuckertopf die zuvor eingeweichte Gelatine schmelzen und ebenfalls zum Eiweiß geben. Die Mischung danach unter weiterem Rühren abkühlen lassen.

Den Puderzucker und die Speisestärke mischen und auf ein mit Backpapier ausgelegtes Backblech streuen. Darauf die Ei-Zucker-Masse in ansprechender Höhe geben und mit Puderzucker bestäuben. Über Nacht an einem trockenen Ort ruhen gelassen, wird die Masse auf dem Blech zu Mäusespeck.

Nun das Fizzy zu Staub mörsern und mit dem Zucker auf einer Silpatmatte verteilen, sodass der Boden der Matte nicht mehr zu sehen ist. Die Matte bei 160 °C in den Ofen geben bis der Fizzy-Zucker schmilzt und eine goldbraune Schicht bildet. Den entstandenen Krokant aus dem Ofen nehmen und abkühlen lassen. Den erkalteten Krokant in Stücke brechen und als Brausechips zur Seite legen. Den Mäusespeck auf einem Teller anrichten, einen Brausechip anlegen und mit Himbeeren und Minze garnieren.

MÄUSESPECK MIT HIMBEEREN UND FIZZYKROKANT

Bei diesem Produkt handelt es sich um ein Honiggranulat von feiner und unregelmäßiger Struktur. Crumiel enthält neben natürlichem Blütenhonig Natriumalginat und Maltodextrin, also ein Geliermittel und einen Emulgator. Der Honig wird mit ihnen vermischt und eingedampft. Das in der Honigmasse enthaltene Wasser verdunstet und es entsteht ein trockenes Granulat, das intensiv nach Honig schmeckt und einen leichten Biss hat. Neben dem Geschmack bietet Crumiel die Vorteile eines trockenen Produktes. Es ist daher auch für Anwendungen geeignet, bei denen flüssiger Honig nicht einsetzbar ist.

Anwendung: Crumiel ist sowohl für süße, als auch für salzige Zubereitungen verwendbar. In der warmen Küche kann es in Krusten oder Panaden für Fleisch (Lamm, Schwein, Ente etc.), Fisch (Thunfisch etc.) oder Meeresfrüchte (Garnelen, Jakobsmuscheln etc.) eingearbeitet werden. In der Patisserie findet Crumiel in Schokoladenmassen, Pralinen oder Gebäck Verwendung. Wenn die leicht kristalline Struktur des Crumiel erhalten bleiben soll, darf die Masse, der es zugegeben wird, nicht zu viel Flüssigkeit enthalten, da sich sonst das Granulat auflöst. Aufgrund seiner chemischen Zusammensetzung ist dieses Honiggranulat, wie auch Zucker, hydrophil. Das heißt: Es zieht Wasser an. Daher ist unbedingt darauf zu achten, dass Crumiel trocken und kühl gelagert wird.

CRUMIEL

1 kleine Entenbrust pro Person
2 TL Crumiel pro Entenbrust
Fleur de Sel
Orangenzesten

Die Haut der Entenbrüste kreuzförmig einschneiden und in einer heißen Pfanne von beiden Seiten anbraten. Danach für 10 Minuten bei 160 °C im Ofen nachziehen lassen. Nach etwa 8 Minuten das Crumiel über das Fleisch stäuben und schmelzen lassen, so bleibt es schön rosa. Aus dem Ofen nehmen und etwas ruhen lassen. Zum Schluss Fleur de Sel und die Orangenzesten darüber geben und servieren.

ENTENBRUST MIT HONIGHAUT

Yopol

Wie die anderen Surprises lässt Yopol sich in der Küche so einsetzen, dass es einen der Hauptbestandteile einer Zubereitung bilden kann. Bei diesem Produkt handelt es sich um ein geschmacksintensives Joghurtpulver. Enthalten sind gehärtetes Pflanzenfett, modifizierte Stärke, Milchproteine, Zucker, Zitronensäure und Aromen. Es soll an dieser Stelle darauf hingewiesen werden, dass gehärtete Pflanzenfette in den letzten Jahren immer wieder in den Ruf geraten sind, die menschlichen Blutfettwerte negativ zu beeinflussen und damit Herz-Kreislauf-Krankheiten zu begünstigen. Das gilt nur für die Fälle übermäßigen Konsums.

Anwendung: Yopol kann für süße und salzige Zubereitungen immer dann verwendet werden, wenn der leicht säuerliche Geschmack von Joghurt gewünscht wird. Besonders in der Patisserie bieten sich dabei vielfältige Anwendungsweisen, da Yopol die Vorteile eines dehydrierten Produktes besitzt. Es kann immer dann verwendet werden, wenn zwar der Geschmack, nicht aber der Wassergehalt natürlichen Joghurts zum Einsatz kommen soll. Besonders bei Teigen (Biskuit, Rührteig etc.) und Crème- und Eismassen kann die Verwendung dieses Produktes von Vorteil sein. Darüber hinaus eignet es sich für die Herstellung von Pralinenfüllungen und für die Verarbeitung mit Schokolade und Trockenfrüchten. Yopol muss kühl und trocken gelagert werden.

300 g Thunfisch, Sushi-Qualität
4 EL kräftiges Olivenöl
3 EL Yopol
Basilikumblätter
einige Pinienkerne
Kaveripfeffer

Den Thunfisch in vier gleich große Stücke schneiden und leicht salzen. Das Olivenöl mit dem Yopol mischen, sodass eine pastenartige Konsistenz entsteht. Nun kann man den Thunfisch mit der Olivenölmasse panieren und kurz in der Pfanne anbraten. Alternativ kann der Olivenölyoghurt separat erhitzt und der Thunfisch roh dazu verzehrt werden. Die Basilikumblätter in feine Julienne schneiden und mit den Pinienkernen und etwas Kaveripfeffer servieren.

Ein paar Basics

Die meisten Menschen kennen Stickstoff als mittelmäßig interessantes Gas aus dem Chemieunterricht. Dort wird gelehrt, dass er die Ordnungs- bzw. Kernladungszahl 7 besitzt, also ein Stickstoffatom im Kern 7 Protonen und je nach Isotop eine unterschiedliche Anzahl von Neutronen aufweist. Im Periodensystem findet man Stickstoff unter dem Kürzel „N". N steht für Nitrogen bzw. veraltet Nitrogenium. Bei Raumtemperatur ist Stickstoff ein farb-, geruch- und geschmackloses Gas. Molekularer bzw. organischer Stickstoff ist ein essentieller Bestandteil unserer Natur. Er bildet nicht nur den Hauptbestandteil der Luft, die wir atmen, sondern kommt auch in unseren Böden und als Bestandteil der Proteine in allen Lebewesen der Erde vor. Ohne ihn könnten wir nicht überleben. Chemisch nachgewiesen wurde Stickstoff zum ersten Mal 1771 durch den deutsch-schwedischen Chemiker Carl Wilhelm Scheele, der ihn im Sauerstoff der Luft per Gasanalyse entdeckte.

Flüssigstickstoff

Mit gasförmigem Stickstoff lässt sich in der Küche nichts anfangen, um so mehr allerdings mit seiner flüssigen Form. Unternehmen wie Linde Gas oder die Westfalen AG bieten sowohl für gewerbliche Kunden, als auch für den Endverbraucher Flüssiggase an. Um aus normaler Luft Stickstoff zu gewinnen, muss diese verflüssigt werden. Das Verfahren, auf dem dieser Vorgang beruht, entdeckte Carl Linde 1895. Seit fast 40 Jahren gewinnt das Unternehmen Linde Flüssiggase mithilfe einer Kältemaschine. Das Verfahren beruht auf der physikalischen Tatsache, dass sich Gase bei bei ihrer Verdichtung erwärmen und bei ihrer Entspannung wieder abkühlen. Diese Abkühlung muss aber weit unter der Raumtemperatur liegen, denn Luft verflüssigt sich erst bei minus 191 bis minus 193 Grad Celsius. Carl Linde nutzte die Eigenschaft des entspannten Gases, um das verdichtete weit unter die Umgebungstemperatur herunter zu kühlen. Auch heute funktioniert das Luftzerlegungsverfahren der

Firma Linde noch nach diesem Prinzip: Man nehme einen Wärmetauscher und ein nachgeschaltetes Entspannungsventil, durch welches das entspannte Gas zurückgeführt wird. Mit diesem Vorgehen kann die verdichtete Luft auf eine Temperatur gekühlt werden, bei der sie sich verflüssigt und in ihre einzelnen Bestandteile zerlegbar wird: 21 Prozent Sauerstoff, 78 Prozent Stickstoff und 0,9 Prozent Argon. Die Einzelgase haben wiederum die Eigenschaft, bei unterschiedlichen Temperaturen zu sieden (Stickstoff minus 196 Grad Celsius, Argon minus 186 Grad Celsius, Sauerstoff minus 183 Grad Celsius), daher kann man sie dann einfach voneinander trennen. Der flüssige Stickstoff ist minus 196 Grad Celsius kalt und ebenso geruch-, geschmack- und farblos wie seine Gasform, was ihn zu einem spannenden Stoff für die Kühlung von Lebensmitteln und molekularen Zubereitungen macht.

Wie funktioniert das?

In der avantgardistischen Küche ist die Verwendung von flüssigem Stickstoff bereits seit einigen Jahren ein beliebter Effekt. Gerade auch deshalb, weil sich direkt am Tisch Zubereitungen herstellen lassen, die der Gast sofort serviert bekommt. Darüber hinaus hat Stickstoff die eindrucksvolle Eigenschaft, einen Dampfeffekt – ähnlich dem des Trockeneises – zu produzieren, was bei Tisch gern präsentiert wird. Die Firmen, die Gastronomie und Endverbraucher mit Flüssiggasen beliefern, bieten Sicherheitstrainings für die Benutzung ihrer

GERÄTE

SIEBLÖFFEL

EDELSTAHLKANNE

ESPUMASPRAYER +

GASPATRONEN

SCHUTZHAND-

SCHUHE, -BRILLE

WUNDERSAME KÄLTE:
KOCHEN MIT STICKSTOFF

Produkte an. Das „Kochen" mit Stickstoff ist nämlich bei einer Stofftemperatur von fast minus 200 Grad Celsius nicht ganz ungefährlich. Bestellt man sich Flüssigstickstoff nach Hause, wird dieser in speziellen doppelwandigen Druckgasbehältern zusammen mit einer Abfülleinrichtung angeliefert, die es dem Benutzer erlaubt, den Stickstoff aus dem Druckbehälter in das Arbeitsgefäß umzufüllen.

Als Arbeitsbehälter für flüssigen Stickstoff eignen sich am besten spezielle Edelstahlgefäße. Aber auch dickwandiges Glas (zwei Zentimeter Wandstärke) hält der Kälte des Stickstoffs stand. Plastikgefäße platzen bei Kontakt mit dem Flüssiggas. Zu Ihrer eigenen Sicherheit sollten Sie dicke Spezialhandschuhe und eine Schutzbrille tragen, damit bei Haut- oder Spritzkontakt keine Kälteverbren-

nungen entstehen. Ansonsten ist flüssiger Stickstoff gesundheitlich vollkommen unbedenklich. Auch die Entsorgung stellt kein Problem dar, da sich flüssiger Stickstoff bei Kontakt mit Umgebungswärme wieder in seinen gasförmigen Aggregatzustand umwandelt und restlos verdampft.

„Kochen" weit unter dem Gefrierpunkt

Mit Stickstoff lassen sich sowohl süße, als auch salzige kleine Gerichte oder Häppchen in Sekundenschnelle herstellen. Die Zubereitungen eignen sich besonders als Amuse gueule, da sie mundgerecht sein und schnell verzehrt werden müssen. Eine Zubereitung direkt am Tisch bietet sich an. Besonders beliebt in der avangardistischen Küche sind in letzter Zeit geeiste Schäume oder Espumas. Bei den Inhaltsstoffen sind dem Koch hierbei keine Grenzen gesetzt. Auch geschäumte Cocktails lassen sich mit flüssigem Stickstoff gefroren servieren. Hierfür wird der Schaum aus der Espumaflasche auf einen großen Löffel in einer mundgerechten Portion aufgesprüht und für einige Sekunden in den flüssigen Stickstoff getaucht. So entsteht außen eine feste, gefrorene Hülle, während der Kern flüssig bleibt. Die Zubereitung wird dem Gast auf einer Serviette oder einem Servier-

löffel gereicht. Ein guter Temperaturkontrast am Gaumen entsteht, wenn heiße Schäume oder Flüssigkeiten in Stickstoff zubereitet werden, da die gefrorene Hülle einen warmen Kern in sich birgt. In der Patisserie wird flüssiger Stickstoff vor allem für die schnelle Zubereitung von Eis oder Sorbets verwendet. Es lässt sich damit aber auch noch ein anderer Effekt erzielen. Werden Himbeeren oder Orangenfilets in flüssigem Stickstoff schockgefrostet, können sie anschließend durch leichten Druck in ihre feinsten Fruchtsegmente zersprengt werden. Prinzipiell können alle Lebensmittel und Rezepturen mit Stickstoff gefroren werden, bei denen sich ein sinnvolles Ergebnis erwarten lässt. Ein weiteres Beispiel ist die Herstellung von feinkörnigem Grieß aus Oliven- bzw anderen Ölen oder die Produktion von Lollis aus ansonsten flüssigen Zutaten. Alle Zubereitungen, die mit Flüssigstickstoff schockgefrostet werden, können bei minus 18 Grad Celsius gelagert und auch zu einem späteren Zeitpunkt serviert werden.

ORANGE IM STICKSTOFF SEGMENTIEREN

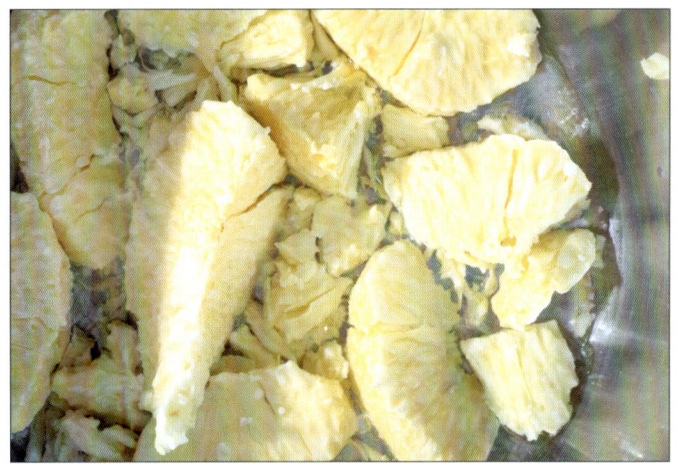

Orangenfilets
Stickstoff

Orangenfilets in einem Stickstoffbad vereisen und mit einem Rollholz, oder zwischen Backpapier gelegt, mit kurzem Druck segmentieren. Zur weiteren Verwendung einfach wieder auftauen lassen. Für diese Zubereitung eignen sich auch andere Zitrusfrüchte oder Beeren.

Die Tradition der Väter

Es war einmal ein äußerst erfolgreiches französisches Restaurant. Wir schreiben das Jahr 1974. In der Stadt Roanne, am Oberlauf der Loire im Westen Frankreichs gelegen, sind die Brüder Pierre und Jean Troisgros die Herren am Herd. 1957 übernehmen sie das Restaurant, das sie Mitte der 60er Jahre von „L'Hôtel Moderne" in „Les Frères Troisgros" umtaufen, von ihren Eltern Jean-Baptiste und Marie Troisgros. Die Michelinsterne sind den Brüdern Troisgros von Beginn an bis heute wohl gesonnen. Seit 1968 leuchten konstant drei der begehrten Auszeichnungen über dem Betrieb.

Sorgenkind Gänseleber

1974 bemüht sich Pierre Troisgros seine traditionsreiche Gänseleberterrine zu perfektionieren. Denn mit nichts anderem als einer vollendeten Kreation gibt man sich in einem Drei-Sterne-Haus zufrieden. Pierre stört, dass die Gänseleber, die sorgsam geputzt, gewürzt, mariniert und in Formen verteilt wird, beim Pochieren im Ofen fast die Hälfte ihres Gewichts einbüßt. Das enthaltene Fett läuft schlichtweg aus dem teuren Produkt heraus und ist damit unwiederbringlich verloren.

Rettung in letzter Minute

Um dem Problem Herr zu werden, wendet sich Pierre Troisgros an einen Koch namens George Pralus. Die beiden experimentieren mit den wertvollen Lebern. Pralus entdeckt, wie er das Produkt dazu bringen kann, nur lediglich um schlanke fünf Prozent zu schrumpfen. Das ist ein enormer Gewinn zu den 40 oder mehr Prozent, die vorher im Ausguss verschwunden waren. Vor der Wärmebe-

handlung im Ofen hat er die Leberterrine dreifach in Klarsichtfolie eingeschlagen. Die Folie hält dank ihrer Isolationswirkung das Fett in der Gänseleber zurück. Pierre Troisgros ist begeistert. Es ist in der Konsistenz, im Geschmack und im Aussehen die beste Gänseleberterrine, die ihm je begegnet ist. Auch heute noch, da sein Sohn Michel die Küche der „Les Frères Troisgros" leitet, findet sich in dem traditionsgewussten Betrieb ein „Bainmarie de foie gras laqué", also eine im Wasserbad gegarte Gänseleber, auf der Karte des Hauses.

Forscherdrang mit Folien

Pralus beginnt mit Plastikfolien und Vakuumverpackungen zu experimentieren. Er findet heraus, dass Produkte, die er im Vakuum verschweißt und in vollzirkulierten Wasserbädern bei niedrigen Temperaturen gart, verblüffende Ergebnisse liefern und entwickelt aus diesem Verfahren eine völlig neuartige Küchentechnik: das Sous-vide-Garen. Übersetzt bedeutet das nichts anderes als „Garen unter Vakuum". Zur gleichen Zeit arbeitet in der industriellen Forschung ein Wissenschaftler namens Bruno Gousaullt an dem gleichen Verfahren. Ab und an kooperieren Pralus und Gousaullt, aber es ist eine Art Hassliebe, die die beiden verbindet. Man streitet sich mit einem Augenzwinkern noch heute, wer denn nun als der Erfinder des Sous-vide-Garens gelten darf.

Bedenkzeit in der Gastronomie

Lange Zeit verschmäht die Spitzengastronomie das Vakuumgaren als ein Verfahren der Nahrungsmittel- und Convenience-Industrie. Es sind nur einzelne große Köche, die sich für diese Gartechnik interessieren. Viele andere haben Bedenken ob der Nahrungsmittelsicherheit der sous-vide-gegarten Produkte. Gerüchte machen die Runde, dass Botulinum-Bakterien in den Vakuumpackungen ein Gesundheitsrisiko für den Gast darstellen könnten. Diese Bakterienart lebt anaerob, das heißt, sie benötigt für ihre Stoffwechselprozesse keinen Sauerstoff und kann daher auch im Vakuum überleben. Das potentiell problematische am Sous-vide-Garen sind die niedrigen Temperaturen zwischen 55 und 65 Grad Celsius, bei denen man bei diesem Garverfahren die besten Ergebnisse erzielt. Botulinum-Bakterien wer-

den aber erst bei Kochtemperaturen ab 80 Grad Celsius abgetötet. Was Abhilfe gegen Kontaminierung schafft: Die vakuumgegarten Produkte werden beim Sous-vide-Garen nach ihrem Tauchbad im warmen Wasser stufenweise, zuletzt in Eiswasser, abgekühlt und oft auch bis zur Verwendung eingefroren. Diese Kältebehandlung macht den Botulinum-Bakterien den Gar aus. Das beruhigt dann auch die kritischsten Spitzengastronomen. Richtig salonfähig und im großen Stil bekannt wurde das Sous-vide-Garen erst, als Vordenker der Molekularküche, Ferran Adrià oder Heston Blumenthal, damit von sich reden machten.

Das Verfahren

Eigentlich ist es recht einfach: Die zuzubereitenden Produkte wie Fleisch, Fisch, Gemüse oder Früchte werden mit oder ohne Zugabe von Geschmacksgebern wie Ölen, Brühen, Kräutern oder Gewürzen maschinell in geeigneten Plastikbeuteln vakuumverschweißt. Der entsprechende Druck muss für das jeweilige Lebensmittel genau eingestellt werden. Dann können die Produkte entweder für eine gewisse Zeit in den Plastikbeuteln mariniert oder direkt pochiert werden.

Pochieren

Garziehen in wässriger Flüssigkeit bzw. im Wasserbad (frz. Bain-Marie). Traditionell bei Temperaturen zwischen 75 und 98 Grad Celsius. Bei Niedertemperaturverfahren wie dem Sous-vide-Garen ab 52 Grad Celsius.

Das Garen erfolgt in einem beheizten Wasserbad. Hierfür gibt es in der Gastronomie spezielle Geräte, deren Temperatur peinlich genau einstellbar ist. Es handelt sich hierbei um Edelstahlwannen, die entweder über ein integriertes oder ein Einhängethermostat verfügen. Das Wasser kann auf den Punkt erhitzt werden und die Wärmeeinheit der Geräte sorgt für eine gleichmäßige Temperatur über Stunden und Tage hinweg. Für jedes zu garende Produkt muss der Koch die ideale Temperatur und Gardauer festgelegen. Das kostet oft einige Versuchsdurchläufe, bis das optimale Ergebnis erzielt wird. Wenn der perfekte Garpunkt aber erst einmal ermittelt ist, wird ein bestimmtes Produkt bei entsprechender Temperatur- und Zeiteinstellung jedes Mal das gleiche Ergebnis liefern. Qualitätsschwankungen sind so gut wie ausgeschlossen.

Kleine Temperatur, große Wirkung

Beim Sous-vide-Garen bewegt sich die Wassertemperatur meist in einem Toleranzbereich zwischen 52 und 65 Grad Celsius. Die gewählte Temperatur ist stark abhängig von dem zu verarbeitenden Produkt. Bei Fleisch und Fisch wird sie oft recht niedrig gewählt, da ab 62 Grad Celsius die enthaltenen Eiweiße ausfällen, was bei Fisch zum Beispiel zu einem hässlichen, unerwünschten, weißen Belag führt. Unterhalb von 52 Grad Celsius besteht allerdings eine zu große Gefahr von Bakterienkontaminierung des Garguts. Abhängig vom gewünschten Ergebnis und dem verwendeten Produkt kann die Gardauer im Vakuum weit über 24 Stunden betragen. Am Ende des Garvorgangs werden die Plastikbeutel mit den gegarten Produkten aus dem Wasser gehoben und stufenweise, zuerst bei Zimmertemperatur, dann in kaltem Wasser und zuletzt im Eisbad abgekühlt. Diese Kühlkette ist wichtig, um Bakterien zu bekämpfen. Werden die zubereiteten Produkte nach dem Abkühlen eingefroren und bei Bedarf schonend wieder erwärmt, ist die Gefahr einer Kontaminierung allerdings sehr gering.

SOUS-VIDE-GAREN

VAKUUMBEUTEL

VAKUUMIERER

SOUS-VIDE-BAD

BUNSENBRENNER

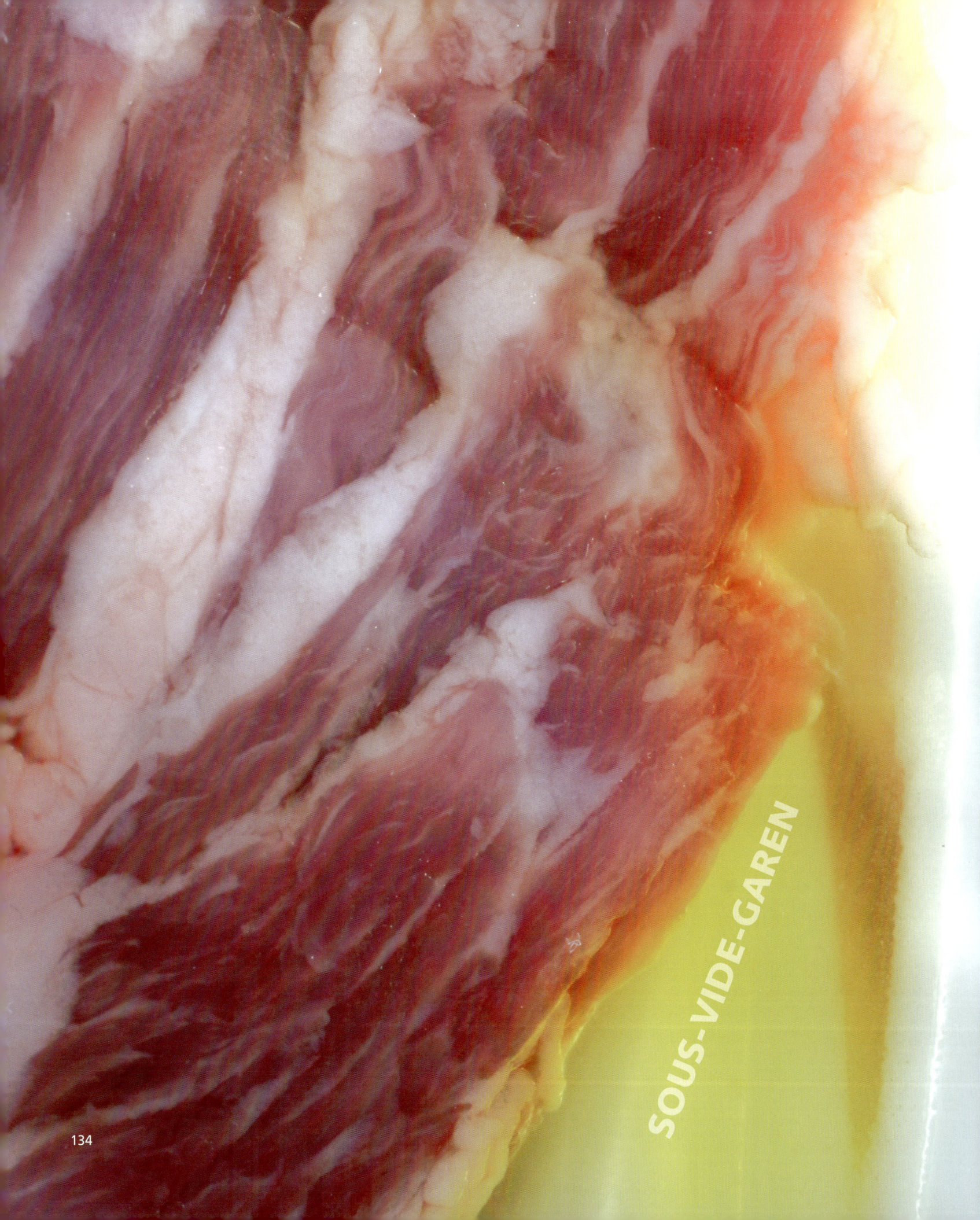

SOUS-VIDE-GAREN

Was bringt's?

Vor allem ein verbessertes Ergebnis. Das ist auch der Grund, warum die molekulare Küche das Sous-vide-Verfahren für sich entdeckt hat, denn sie strebt nach einer grundsätzlichen Verbesserung des vorliegenden Produkts. Was die Köche fasziniert: Durch dieses Garverfahren können sie Konsistenzen von einer Qualität erzielen, wie sie mit anderen, traditionellen Kochtechniken nicht zu erreichen sind. Im Gegensatz zu vielen herkömmlichen Zubereitungsarten ist das Sous-vide-Garen durch die niedrigen Temperaturen sehr schonend. Wer jetzt an Krankenhauskost denkt, liegt allerdings, zumindest in unserem Fall, weit daneben. Die niedrigen Gartemperaturen schützen die Zellwände der Lebensmittel vor Zerstörung und Instabilität. Daher laugt weitaus weniger Flüssigkeit aus den Produkten aus. Sie verbleibt als Aroma-Intensivierer im Innern von Fisch, Fleisch und Co. erhalten. Der natürliche Geschmack eines guten Produkts kann

daher durch dieses Garverfahren sogar noch konzentriert werden. Die ursprüngliche Form der Produkte bleibt erhalten, die natürliche Farbe kann sogar teilweise noch intensiviert werden.

Die ultimative Frischepackung

Darüber hinaus sorgen der Schutz der Vakuumverpackung und die geringe Hitzezufuhr bei dieser Zubereitungsart für den Erhalt von Vitaminen und Nährstoffen der Lebensmittel, die beim herkömmlichen Kochen in die Garflüssigkeit übergehen und oft nicht mit auf den Teller gelangen. Die eingeschweißten Lebensmittel können weder austrocknen, noch oxidieren. Und weil dem Plastikbeutel, in dem sich die kostbaren Produkte befinden, die Luft entzogen wurde, sind sie auch wesentlich länger haltbar als gegarte Lebensmittel, die unverschweißt kühl gelagert werden.

Home improvement

Zugegeben, es ist nicht ganz einfach, sich ein Sous-vide-Wasserbad selbst zu bauen. Aber es geht. Es soll ja Menschen geben, die für solche Arbeiten ein Talent haben. Für alle, die es interessiert, soll hier eine Bauanleitung gegeben werden. Alle anderen Leser überspringen den folgenden Absatz und lesen bei der nächsten Teilüberschrift weiter.

1. Kaufen Sie sich im Internet oder bei dem Elektronikhändler Ihres Vertrauens einen Temperaturregler. Diese Geräte kann man auf einen bestimmten Temperaturbereich einstellen. Sie schalten Hitzequellen aus bzw. ein, wenn die erreichte Wassertemperatur den eingegebenen Wert übersteigt bzw. darunter fällt.
2. Besorgen Sie sich als nächstes ein elektronisches Heizelement wie einen Tauchsieder.
3. Verbinden Sie den Temperaturregler mit dem Tauchsieder und füllen Sie einen Topf mit Wasser. Hängen Sie den Tauchsieder in das Wasser und beobachten Sie

die Wassertemperatur mit einem Thermometer. Stellen Sie den Arbeitsbereich des Temperaturreglers möglichst eng ein, damit es zu keinen großen Temperaturschwankungen des Wassers kommen kann.
4. Falls Sie zufälligerweise keine Vakuumiermaschine zum Einschweißen Ihres Garguts zur Hand haben sollten: Schlagen Sie es doppelt oder dreifach in Klarsichtfolie ein. Drehen Sie jedes Mal die Enden fest zusammen und schlagen Sie sie zur Mitte hin ein. Es entsteht ein Gebilde, das aussieht wie eine Wurst. Als letzte Schicht wiederholen Sie das Ganze noch einmal mit Alufolie und verfahren hier mit den Enden genau wie vorher.
5. Wenn die gewünschte Gartemperatur des Wassers erreicht ist, geben Sie das Gargut hinein. Achten Sie darauf, dass immer ein Sicherheitsabstand zwischen Heizelement und Gargut besteht.

Es geht auch noch anders

Allen handwerklich weniger versierten Lesern soll gesagt sein: Man kann diese Geräte und Vakuumiermaschinen auch für sehr teures Geld bei entsprechenden Gastronomiegeräteherstellern im Internet kaufen. Wer weder horrende Summen für ein solches Gerät ausgeben will, noch mit einem goldenen Daumen ausgestattet ist, kann sich mit alltäglichen Haushaltsgegenständen behelfen. Das Ergebnis, das Sie so erzielen können, wird natürlich nicht dem entsprechen, welches man mit einem professionellen Gerät erhält. Aber immerhin!

1. Kaufen Sie sich ein Thermometer.
2. Füllen Sie einen Topf oder Bräter mit Wasser und stellen Sie ein Kochfeld Ihres Herdes auf die unterste Betriebsstufe ein.
3. Hängen Sie das Thermostat in den Topf und stellen Sie ihn auf die Herdplatte.
4. Warten Sie, bis Ihre gewünschte Temperatur erreicht ist. Prüfen Sie, ob das Wasser in Ihrem Topf seine Temperatur hält.

5. Schlagen Sie Ihr Gargut, wie im nebenstehenden Satz beschrieben, in Klarsicht- und in Alufolie ein und geben Sie es ins Wasser. Sollte die Temperatur am Boden des Topfes zu hoch sein, legen sie Metallringe in den Topf, auf denen Sie dann das Gargut platzieren, um einen Abstand von der Hitzequelle zu schaffen. Diese Metallringe, die sich auch gut zum Anrichten von Speisen verwenden lassen, sind in guten Haushaltsgeschäften und im Gastronomiebedarf erhältlich.

Marinade:
4 Sternanis
1 TL Fenchelstroh
1 Knoblauchzehe
2 Thymianzweige
4 Salbeiblätter
200 ml Rotwein, Schneider „Black-Print"
3 Schalotten
Staudensellerieblätter von einem Bund
1 junge Möhre, in Scheiben
1 Bund Petersilienstengel
3–5 Ingwerscheiben
100 g Chorizoscheiben
2 TL Kümmel, ganz
200 ml Kalbsfond

1 Ibérico Schweinebauch mit Schwarte
Speckgewürz, Schweinsknuspri
2,5 g Metil
Transglutaminase oder Gelburgur
1,5 g Lecite

Alle Zutaten aufkochen und den Ibérico
Schweinebauch mit Schwarte darin einlegen.
Wenn die Marinade ausgekühlt ist, alles
in einem kochfesten Vakuumbeutel fest
einschweißen und 2 Tage im Kühlschrank
lagern. Danach im Julabo bei 68 °C Wassertemperatur 24 Stunden garen. Den
Fond auffangen und im Topf auf die
gewünschte Stärke reduzieren und durch
ein feinmaschiges Tuch passieren.
Die Schwarte vom Schweinebauch ablösen, in feinste Brunoise schneiden und
in einer beschichteten Pfanne ohne Fett
bei niedriger Hitze kross auslassen.
Das Fett abschütten. Chorizoscheiben in
feinste Brunoise schneiden und in einer
beschichteten Pfanne ohne Fett kross
auslassen. Das Fett abschütten.

Das Metil in etwas Wasser auflösen und
kaltstellen. Die krosse Schwarte und die
Chorizo im gewünschten Verhältnis vermengen. Mit Speckgewürz und Schweinsknuspri abschmecken und mit dem auf-
gelösten Metil mischen. Zur besseren
Bindung der Schwarte auf dem Fleisch
Transglutaminase (in Wasser auflösen, bis
eine kleistrige Konsistenz entsteht) oder
Gelburgur auf den Schweinebauch auftragen. Die Schwartenmasse nun auf dem
Schweinebauch verteilen und unter dem
Salamander langsam goldbraun glacie-
ren.
Den passierten Fond mit Lecite mischen
und zu einen Schaum aufmixen.

MARINIERTER SCHWEINEBAUCH MIT

SCHAUM VOM EIGENEN SAFT

Bei der folgenden Garzeitentabelle gehen wir davon aus, dass Sie sich für die Variante des Nachbratens entschieden haben. Sollten Sie das Gargut lieber anbraten, sind die Anbratzeiten etwa doppelt so lang wie die Nachbratzeiten (bei Gans und Ente sogar bis zu 4 Mal so lang). Da sich jedes Stück Fleisch von einem anderen im Bezug auf intramuskuläres Fett und naturgegebener Zartheit unterscheidet, darf man auch bei der Niedrigtemperaturgarung nicht auf ein gewisses Fingerspitzengefühl verzichten. Durch Erhöhen oder Senken der Gartemperatur kann die Garzeit beliebig verlängert oder verkürzt werden. Dabei bleibt jedoch zu bedenken, dass es bei Temperaturen jenseits von 80 Grad Celsius zwangsläufig zum Gerinnen des im Gargut enthaltenen Eiweißes von außen nach innen und der damit einhergehenden Farbveränderung von rosa nach grau kommt. Die verschiedenen im Fleisch enthaltenen Eiweiße gerinnen bei Temperaturen zwischen 60 und 72 Grad Celsius. Dies ist jedoch auch der Temperaturbereich, in dem unerwünschte Bakterien sich nicht mehr vermehren. Aus diesem Grund ist eine Kerntemperatur von 60 Grad Celsius absolut wünschenswert.

NIEDERTEMPERATURGARUNG

Von allen modernen Gartechniken ist die Niedrigtemperaturgarung wohl die, mit der sich die besten Ergebnisse erzielen lassen. Wie die meisten modernen Gartechniken ist sie keine neue, sondern im besten Fall eine entschlüsselte Technik. Schon in der Steinzeit wurde Fleisch in der Asche verlöschender Feuer vergraben und am nächsten Tag, quasi niedrigtemperaturgegart, verzehrt. Die besten Köche der Welt wie Ducasse oder Witzigmann nutzten die Niedrigtemperaturgarung schon vor 25 Jahren. Der Trend der letzten Jahre hat gezeigt, dass auch das Grillgut aus den amerikanischen Barbecues nur durch Niedrigtemperaturgarung so butterzart wird. In den Brotöfen ländlicher Gastronomiebetriebe Südeuropas werden noch heute, wie vor hundert Jahren, ganze Lammkeulen über Nacht in erkaltender Asche gegart. Es gibt noch hunderte von Beispielen zu diesem Thema aus längst vergangenen Zeiten. Der Unterschied zur modernen Niedrigtemperaturgarung ist, dass man heute weiß, was mit dem Gargut passiert und warum es passiert. So lassen sich Kreationen schaffen, die ganze Generationen von Köchen neidisch machen würden. Es wäre also mehr als schade, diese Technik nicht zu nutzen. Bei allen Errungenschaften der Avantgardeküche erkenne ich Fortschritte auf dem Weg zum Ereignis auf dem Teller, bei der Niedrigtemperaturgarung jedoch sehe ich einen wahren Quantensprung. Um diese Technik zu verstehen und sie perfekt nutzen zu können, muss man wissen, was im Gargut während der Garung bei Hitze und der Garung bei Niedrigtemperatur passiert. Da ich dieses Buch für Nutzer und Anwender der Techniken und nicht für Wissenschaftler schreibe, versuche ich mich bei der Erklärung auf eine bildhafte und leicht verständliche Sprache zu beschränken, die auch derjenige nachvollziehen kann, der nicht Physik oder Polymerwissenschaften studiert hat. Ich weiß, dass man dieses Thema sehr viel ausführlicher erklären könnte, ich beschränke mich jedoch bewusst auf den für das Kochen wichtigen und ausreichenden Teil.

Das Gargut Fleisch besteht aus einem genießbaren Teil, dem Muskelfleisch mit Fett und Haut, sowie einem ungenießbaren Teil, den Knochen, Sehnen und anderen Fleischabfällen. Ziel der Niedrigtemperaturgarung ist es, das Muskelfleisch möglichst zart zuzubereiten, ohne die Konsistenz mechanisch, also beispielsweise mit einem Fleischwolf, zu verändern.

Rohes Muskelfleisch hat eine sehr feste Konsistenz, die durch Garung weicher und zarter gemacht werden soll. Die feste Konsistenz kommt vom Kollagen, das spiralförmig die Muskelfasern zusammenhält und ihnen Kraft und Elastizität gibt.

Eine Eigenschaft des Kollagens ist, dass es sich bei Wärme in Gelatine verwandelt. Deshalb wird auch das zäheste Suppenfleisch weich, wenn man es lange genug kocht. Bevor es aber zu Gelatine wird, zieht sich das Kollagen bei Hitze zusammen. Diese zusammengezogenen Kollagenstränge sind zäh und hart. Da die Umwandlung von Kollagen in Gelatine Zeit benötigt, die Hitze dem Gargut aber Feuchtigkeit entzieht, hat man mit klassischen Gartechniken kaum eine Möglichkeit, einem Fleischstück sowohl die gewünschte Zartheit, als auch die Saftigkeit von Kurzgebratenem zu verleihen. An dieser Stelle kommt die Niedrigtemperatur zum Einsatz.

Die Umwandlung von Kollagen in Gelatine braucht nicht viel mehr Temperatur als bei der Verflüssigung von fester Gelatine, jedoch im Verhältnis wesentlich mehr Zeit. Je nach Größe des Fleischstückes kann der Vorgang mehrere Stunden dauern. Dabei entspannen und entwirren sich die Kollagenstränge bei einer moderaten Temperatur über 42 Grad Celsius mehr und mehr, um sich dann bei Temperaturen um 55 Grad Celsius zu zersetzen.

Wenn wir diese drei Punkte zusammenfassen, haben wir das Prinzip der Niedrigtemperaturgarung erfasst.

1. Entspannung des Fleisches durch Entwirrung der Kollagene.

2. Umwandlung der Kollagene in Gelatine.

3. Erhaltung der Saftigkeit, weil der hohe Feuchtigkeitsgehalt durch niedrige Temperatur kaum absinkt.

SCHWEINEFILET (MEDAILLONS) : 50 MIN. : 1 MIN. PRO SEITE

SPANFERKEL (1 KG) : 3 STD. 30 MIN.–4 STD. : 10 MIN.

SCHWEINESCHULTERBRATEN (1,2 KG) : 4 STD. 20 MIN.–4 STD. 50 MIN. : 10 MIN.

SCHWEINELENDE (1 KG) : 2 STD. 45 MIN.–3 STD. 20 MIN. : 3 MIN.

SCHWEINEKEULE OHNE KNOCHEN (4 KG) : 5 STD. 20 MIN. : 20 MIN.*

Hört sich ganz einfach an, ist es aber nicht. Mit den bisherigen Informationen müsste man annehmen, dass Fleisch bei Niedrigtemperatur im Backofen gegart immer zart wird. Das ist jedoch nur bedingt richtig. Für ein gutes Ergebnis ist die Entspannung der Kollagene genauso wichtig wie die Umwandlung in Gelatine und der hohe Feuchtigkeitsgehalt. Die Kollagenstränge entspannen sich jedoch nur bei konstanten Temperaturen, bei Temperaturschwankungen zieht sich das Muskelgewebe zusammen und hindert das Kollagen daran, sich zu entspannen. Die meisten Backöfen können aber die eingestellte Temperatur nicht konstant halten, oft schwankt die Temperatur um zehn Grad Celsius. Das heißt, bei eingestellten 85 Grad Celsius schaltet das Thermostat bei 80 Grad Celsius den Ofen ein und bei 85 Grad Celsius wieder aus. Der Ofen heizt jedoch noch ein wenig weiter, sodass die Ofentemperatur bis 90 Grad Celsius steigt, um dann wieder auf 80 Grad Celsius abzusinken. Hinzu kommen kurzfristige Temperaturschwankungen, zum Beispiel durch das Öffnen der Ofentür. In der Praxis ist dies genau genommen also keine Niedrigtemperaturgarung, sondern eher eine Garung bei ständig wechselnden Temperaturen. So gelingt dasselbe Stück Fleisch bei konstanter Temperatur in einem professionellen Niedrigtemperaturgarer immer wesentlich besser. Das wohl größte Problem bei der Niedrigtemperaturgarung ist aber mit Sicherheit die Umwandlung der Kollagene in Gelatine, die nur mit Kerntemperaturmessung kontrollierbar ist. In der Praxis sollte man sich nicht nur nach Tabellen mit Garzeiten richten, da man darin immer von einem Verhältnis von Gewicht zu Temperatur und Zeit ausgeht. Nun kann ein Roastbeef aber sehr leicht von den vorgegebenen Garzeiten abweichen. Ein Stück von 1,2 Kilogramm kann beispielsweise zehn aber auch 15 Zentimeter hoch sein, oder manche Enten können kurz und rund, andere lang und schmal sein. Diese unterschiedlichen Physiognomien benötigen individuell abgestimmte Temperaturen und Garzeiten. Ein Kerntemperaturmesser ist also zwingend notwendig. Trotzdem werde ich Ihnen auf diesen und den folgenden Seiten einige Kerntemperaturempfehlungen geben. Die Kerntemperatur ist jedoch nur ein Faktor. Ein weiterer, fast noch wichtigerer Faktor, ist die Zeitspanne, in der die Kerntemperatur erreicht wird. Jetzt wird es wirklich ein wenig kompliziert, denn je länger man das Fleisch bei niedriger Temperatur garen lässt, ohne die vorgeschriebene Kerntemperatur zu erreichen, desto besser entspannen sich die Kollagenstränge. Das Fleisch verliert bei Niedrigtemperatur zwar nur sehr wenig Feuchtigkeit, dies jedoch konstant. Damit kommen wir zum dritten Teil der Gleichung. Wir wollen zwar in erster Linie ein zartes Ergebnis, jedoch auf keinen Fall auf Kosten der Saftigkeit. Die Aufgabe ist also, das Gargut möglichst lange bei möglichst niedriger Ofentemperatur entspannen und es gleichzeitig nicht austrocknen zu lassen. Auch Bakterien fühlen sich bei solch moderaten Temperaturen sehr wohl. Ihnen darf man natürlich auch keine Idealbedingungen schaffen. Vom Barbecue her kennen wir das Niedrigtemperaturgaren in Kombination mit Rauch. In diesem Milieu kann man das Gargut ohne Probleme bis zu 14 Stunden bei Ofentemperaturen von 80 bis 120 Grad Celsius garen lassen. Ohne Rauch sollten die Garzeiten nicht über acht Stunden ausgedehnt werden. Viele Rezepte verlangen jedoch Garzeiten von 30 bis 60 Stunden. Das geht auch. Dazu muss das Gargut stark gewürzt und in einen Vakuumbeutel geschweißt werden. Die Garzeit muss auch hier immer im Verhältnis zur Größe des Garguts und der Ofentemperatur stehen. Länger ist nicht immer besser. Vor allem kleine Stücke trocknen bei zu langer Garzeit unverhältnismäßig stark aus und verlieren dadurch einen großen Teil ihres Zaubers. Der Umluftschalter mancher Backöfen ist absolut tabu, da die Umluft das Austrocknen nur noch weiter beschleunigt. Sinnvoller ist es, das Gargut nochmals in kleineren, dicht verschlossenen Gefäßen

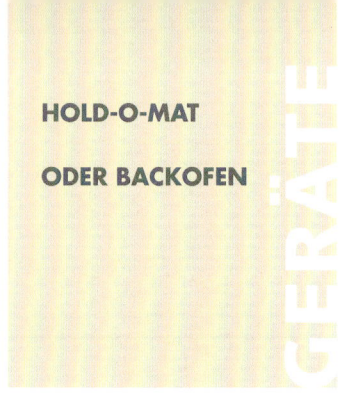

KALBSFILET (GANZ) : 1 STD. 45 MIN. : 3 MIN.

KALBSHAXE : 5 STD. 20 MIN. : 8 MIN.

KALBSRÜCKEN OHNE KNOCHEN (2 KG) : 3 STD. 20 MIN.–4 STD. : 4 MIN.

RINDERFILET (MEDAILLONS) : 55 MIN.–60 MIN. : 1 MIN. PRO SEITE

RINDERFILET (GANZ) : 1 STD. 40 MIN.–2 STD. 20 MIN. : 4 MIN.

RINDERTAFELSPITZ 0,8-1 KG : 3 STD. 20 MIN.–4 STD. : 6 MIN.

ROASTBEEF (1,2 KG) : 2 STD. 45 MIN.–3 STD. 20 MIN. : 6 MIN.

OCHSENBRUST (3–5 KG) : 14 STD. : /

KALBSOBERSCHALE 2 KG : 3–3 STD. 30 MIN. : 3 MIN.

im Backofen garen zu lassen. Sollten Sie mit permanenter Kerntemperaturmessung arbeiten, hat sich eine Abdichtung mit rohem Brotteig bewährt. Sollte das Gargut jedoch vorher angebraten worden sein, sollte es offen auf einem Rost zu Ende gegart werden, da in einem geschlossenen Gefäß die Kruste aufweichen würde. Hierzu später mehr. Zu guter Letzt sind auch bei derselben Fleischsorte signifikante Unterschiede zu beobachten. So wird Fleisch mit viel intramuskulärem Fett schneller zart als sehr mageres Fleisch.

Es stellen sich natürlich die Fragen: Wieso verwandelt sich das Kollagen nicht bei großer Hitze in Gelatine und wieso unterscheidet sich das Ergebnis bei Hochtemperaturgarung so wesentlich von dem bei Niedrigtemperaturgarung? Natürlich verwandelt sich das Kollagen auch bei großer Hitze in Gelatine. Wenn man jedoch auf die Entspannung und Entwirrung verzichtet, passiert etwas Ähnliches, als würde man versuchen, ein vernudeltes Telefonkabel lang zu ziehen. Es entstehen Strukturen, die sich selbst so verstärken, dass sie sich nicht mehr, oder erst nach sehr langer Zeit, auflösen. Wenn jetzt noch Temperaturen von über 72 Grad Celsius im Gargut überschritten werden, gerinnt das Eiweiß im Fleisch durch die Hitze. Hier unterscheiden sich die beiden Garmethoden nicht nur bild-

lich wie ein weich und ein hart gekochtes Ei. Die Hitze trocknet die Feuchtigkeit aus dem Fleisch, schmilzt das intramuskuläre Fett und nimmt dem Fleisch so die Saftigkeit und einen großen Teil des guten Geschmacks. All das passiert bei der Niedrigtemperaturgarung nicht.

Sollte man die Garmethode verinnerlicht haben, kann man zum wichtigsten Teil der kompletten Avantgardeküche kommen: dem Geschmack.

Schon oft habe ich erwähnt, dass manche Köche vor lauter Technikverliebtheit das Ergebnis aus den Augen verloren haben. Was nutzt einem ein noch so zartes Stück Fleisch, wenn es nicht schmeckt. Um dem Gargut Aroma und Geschmack zu verleihen, haben wir neben dem Würzen drei weitere Möglichkeiten:

Das Anbraten

Obwohl alle Theorien von sich schließenden Fleischporen längst widerlegt sind, wird das Anbraten vor dem Backen häufig immer noch gering geschätzt. Viel interessanter als die Diskussionen über das Für und Wider sind die Röstaromen, die beim Anbraten mit großer Hitze entstehen. Röstaromen sind bei fast allen Fleischstücken wünschenswert, gehören zu den Aromen, die einem das Wasser im Munde zusammen laufen lassen und die es noch nicht in Tüten zu kaufen gibt. Dennoch ist das Anbraten bei Niedrig-

temperaturgegartem nicht empfehlenswert. Der Grund ist auch hier haptischer Natur. Das Anbraten lässt eine superattraktive Kruste mit den Röstaromen entstehen. Gerade diese Kruste aber überlebt die lange Garzeit bei moderater Temperatur leider nicht. Deswegen kommen wir gleich zur zweiten und besseren Möglichkeit.

Das Nachbraten

Es besteht kein Unterschied zum Anbraten, außer, dass beim Nachbraten eine Kruste entsteht, die beim Servieren frisch und präsent ist. Das Nachbraten hat noch einen weiteren Vorteil: Niedrigtemperaturgartes Fleisch hat oft von Rand zu Rand dieselbe rosa Farbe, die zwar „rare" aussieht, jedoch wie „medium-rare" schmeckt. Trotzdem werden immer wieder unerfahrene Gäste ihr Fleisch „well done" bestellen und damit jedem Koch, der das wunderbare Fleisch hinrichten muss, das Herz brechen. Auch dies kann man mit Nachbraten bewerkstelligen. Ich selber brate große Fleischstücke in einer Mischung aus Butter und Öl und kleineren Fleischstücke in reiner Butter nach, da das Fleisch in kurzer Zeit gebräunt ist und die Butter dadurch nicht anbrennt. Heston Blumenthal brät sein Fleisch ganz ohne Fett mit einem Bunsenbrenner nach. Besonders bei Geflügel mit Haut und Schweinefleisch mit

LAMMRÜCKENFILET : 35 MIN. : 2 MIN.

LAMMKARREE : 1 STD. - 1 STD. 30 MIN. : 5 MIN.

LAMMKEULE (1,5 KG) : 5 STD. 45 MIN.–6 STD. 20 MIN. : 10 MIN.

REHFILET (MEDAILLONS) : 45 MIN. : 1 MIN. PRO SEITE

REHRÜCKEN (GANZ) : 2 STD. : 3 MIN.

REHKEULE OHNE KNOCHEN (1 KG) : 4 STD. 15 MIN. : 4 MIN.

HIRSCHRÜCKENFILET (1,5 KG) : 1 STD. 30 MIN. : 2 MIN.

ENTENBRUSTFILET : 50–60 MIN. : 2 MIN.

HÄHNCHENBRUSTFILET : 35 MIN. : 2 MIN.

PUTENBRATEN (1,2 KG) : 5 STD. 20 MIN. : 3 MIN.

ENTE (2,5 KG) : 7 STD. : 20 MIN.*

FASANENBRUST : 40 MIN. : 2 MIN.

GANS (4 KG) : 9 STD. : 25 MIN.*

* IM BACKOFEN BEI UMLUFT UND OBER- UND UNTERHITZE 220 °C

Schwarte eignen sich auch Salamander oder Obergrill.

Die grüne Kräuterkruste
Viele frische Kräuter überstehen den Garvorgang bei Niedrigtemperatur. Sie behalten dabei ihre grüne Farbe und setzen Stunde um Stunde ihre Aromen frei. Während die Kräuter bei hohen Temperaturen vertrocknen oder verbrennen, öffnet die Niedrigtemperatur neuen Kreationen Tür und Tor. Heute sind auch exotische Kräuter von Firmen wie „Essbare Landschaften" oder frische Kräuter in Töpfen ganzjährig verfügbar. Die Möglichkeit, das Fleisch in einem Kräutermantel zu garen, den man während der Garung mit Frischhaltefolie fixiert, birgt eine unglaubliche Qualität. Aus diesem Grund habe ich geschrieben, dass Röstaromen nur bei fast allen und nicht bei allen Fleischstücken wünschenswert sind.

Zu guter Letzt kommen wir auf die Technik zu sprechen.
Um ein optimales Ergebnis zu erzielen, kommt man an einem professionellen Niedrigtemperaturgarer nicht vorbei. Zwar lassen sich im Backofen schon sehr passable Ergebnisse realisieren, die jedoch von denen mit einem solchen Garsystem bei Weitem übertroffen werden. Die professionellen Niedrigtemperaturgarer sind digital gesteuert und halten eine einmal eingestellte Temperatur bis auf ein Grad genau. Im Handel haben diese Geräte meist die Endung „O-Mat" wie beispielsweise der Hold-O-Mat von Hugentobler oder der Gar-O-Mat von Bohner. Heute ist man sich einig, dass die O-Maten mit Schubladen für das Gargut praktischer sind, als die mit Türen. Ansonsten sind die Geräte alle gut, aber teuer. 3.000 Euro müssen schon investiert werden. Einen preiswerten Niedrigtemperaturgarer für den Hausgebrauch gibt es leider noch nicht. Im selben Preisniveau befinden sich auch die professionellen amerikanischen Barbecue Smoker für die Outdoor-Küche. Smoker sehen aus wie Dampflokomotiven und haben im Schornstein noch einen Extraraum für die Niedrigtemperaturgarung. Hier empfiehlt sich ein Chuckwagon. Wichtig ist, dass die Smoker möglichst schwer sind (ab 280 Kilogramm), denn nur die Wandstärke dieser gusseisernen Ungetüme gewährleistet eine stabile Temperatur. Neben dem Niedrigtemperaturgaren kann man mit diesen Geräte auch gleichzeitig Räuchern. Gargut, das lange bei Niedrigtemperatur geräuchert wurde, hat neben dem attraktiven Geschmack von heißem Rauch noch eine weitere, außergewöhnliche Eigenschaft. Es wird außen sehr dunkel, fast schwarz, schmeckt jedoch überhaupt nicht verbrannt – auch wenn es so aussieht.

Eine Kombination aus beiden Geräten, dem Niedrigtemperaturgarer und dem Smoker, der zu 100 Prozent indoor einsetzbar ist, leider aber auch etwa so teuer wie beide Geräte zusammen ist, bietet die Firma Alto-Shaam an. Da sich die Niedrigtemperaturgarer in der Gastronomie in unglaublicher Geschwindigkeit verbreitet haben, bin ich mir sehr sicher, dass es in naher Zukunft auch eine abgespeckte Version für den Privathaushalt geben wird. Ganz wichtig ist auf jeden Fall das Kerntemperaturthermometer. Wenn man in einem Backofen bei Niedrigtemperatur garen möchte, darf man darauf auf keinen Fall verzichten, weil die eingebauten Thermostate in der Regel sehr ungenau sind. Dieses Einstechthermometer ist mit einem Preis um die 20 Euro für jeden erschwinglich. Bewährt haben sich Thermometer, die an der Spitze die Kerntemperatur und am oberen Ende der Einstechsonde die Backofentemperatur messen. Es wird am Anfang des Garvorganges eingestochen und bleibt bis zum Ende stecken, damit das Fleisch nicht immer auf's Neue angestochen werden muss. Professionelle Köche arbeiten mit mehreren Einstechthermometern – für jedes Stück Fleisch eins.

1 Ibérico Schweineschulter (Presa)
Fleur de Sel
schwarzer Pfeffer aus der Mühle
P.X. Sherry Balsamico
Grana Padano Parmesan

Die Presa ist Teil des vorderen Endstücks
der Lende und befindet sich im oberen
Bereich des Schulterblattes. Sie gehört
aufgrund des eingelagerten Fettes zu
den delikatesten Stücken des Ibérico
Schweins.
Dieses Stück mit Fleur de Sel und
schwarzem Pfeffer einreiben und in der
Pfanne kurz scharf anbraten. Danach im
Bohner Niedriggarer bei 68 °C bis zur
Kerntemperatur von 55 °C weiter garen.
Das Fleisch gegen die Faser aufschneiden.
Mit P.X. Sherry Basamico beträufeln und
mit Parmesanspänen vollenden.

IBÉRICOSCHULTER

MIT PARMESANSPÄNEN

UND P.X.

MOLEKULARE BARTECHNIKEN

GERÄTE

MESSLÖFFEL

SIEBLÖFFEL

MESSBECHER

STABMIXER

PRÄZISIONSWAAGE

FLASCHE UND

SCHLAUCH

SPRITZENHALTER

UND SPRITZEN

KAVIAR-MAKER

ESPUMASPRAYER

STICKSTOFF +

ZUBEHÖR

Ein weiteres und sehr spannendes Kapitel der molekularen Küche sind die molekularen Cocktails. An dieser Stelle muss ich mich zwar als gelernter Barkeeper outen, allerdings einer, der mit sehr wenig Berufserfahrung aufwarten kann. Zudem bin ich in den 29 Jahren nach meiner Ausbildung nicht sehr oft in Cocktailbars gegangen. Das mag zum einen daran liegen, dass die Anzahl guter Lokalitäten dieser Art eher gering ist und zum anderen, dass sich die guten Cocktailbars durch eine für mich nicht nachvollziehbare Preispolitik sehr elitär halten. Einen Cocktail, der aus Bestandteilen für zwei Euro besteht und in 20 Sekunden hergestellt werden kann, für 20 Euro zu verkaufen, halte ich für denkbar unattraktiv. Eine Cocktailbar muss voller Gäste sein und die Barkeeper müssen in einer Tour Cocktails produzieren, dann ist sie ein Platz, an dem auch ich mich wohlfühle. Allerdings kenne ich solche kaum.

Vielleicht färbt die progressive Veränderung in der Küche ja auch auf einige Cocktailbars ab. Vielleicht hilft es, die Getränkekarten von 1977 und 2007 zu vergleichen. Wenn sich außer dem Preis nichts geändert hat und die Bar nicht jeden Abend zum Bersten voll ist, dann existiert dort ein Problem. Ich will jetzt kein Bar-Konzept erstellen, bin mir aber sicher, dass jede noch so trübe Location mit einem vernünftigen Konzept läuft. Zu diesem progressiven und erfolgreichen Konzept würden nicht nur eine

moderne Kalkulation der Preise und eine Erhöhung des Personalbestandes, sondern auch die Verbesserung der Personalqualität und eine Erweiterung der Getränkeauswahl gehören. In einer Bar, die immer gut frequentiert und bekannt für ihre guten Cocktails ist, hat man die Möglichkeit, mit frischen Früchten und mit guten exotischen Fruchtpürees zu arbeiten. Wenn das Personal ausreichend und gut geschult ist, kann man auch die modernen, molekularen Cocktails anbieten. Neue Cocktails, die noch nie ein Mensch probiert hat und die nicht nur durch ihre Optik bestechen, sondern auch durch den Gaumeneffekt, den sie erzielen. Als Beispiel möchte ich auch hier die Verkapselung anführen.

Stellen Sie sich einen frischen, klaren Cocktail auf der Basis von Gin oder Vodka mit Zitrone und saurem Apfel vor. Also ein typischer frischer Sommercocktail. Und dazu einen Kaviar aus Absinth oder einem der anderen Anisschnäpse. Diese werden in den Sommercocktail eingegeben und schwimmen darin. Der Barkeeper erklärt den Gästen beim Servieren, dass sie beim ersten Schluck die Anisperlen runterschlucken und beim zweiten Schluck die Perlen mit der Zunge am Gaumen zerdrücken sollen. Folgendes passiert: Der Gast probiert den ersten Schluck nach Anweisung und hat den

köstlich-frischen Apfel-Zitronengeschmack auf der Zunge. Beim zweiten Schluck zerdrückt er die Anisperlen und die Reaktion ist unglaublich. Der wenige Anis verwandelt den Geschmack in Bruchteilen von Sekunden in einen orientalischen Cocktail.

Die molekulare Komposition ist nicht nur schmackhaft und verblüffend, man will sie noch einmal genießen und sie macht neugierig und offen für weitere molekulare Cocktails. Das ist es, was Barkeeper

wollen: Neugierde wecken und Neugierde befriedigen. Sicher findet jeder Barkeeper, der dieses hier liest, einen Grund, warum das in der Bar, in der er arbeitet, nicht umzusetzen ist. Aber die internationalen Köche aus Spanien, England und Frankreich haben uns vorgemacht, dass man es einfach tun sollte und dann läuft es. Bei den Barkeepern wird es ähnlich sein. Erst, wenn sich die molekularen Cocktailbars europaweit etabliert haben, werden die ersten deutschen Barkeeper anfangen, auch molekulare Cocktails zu mixen. Dabei ist jetzt der Zeitpunkt, um vorn mit dabei zu sein und den Anfang nicht zu verschlafen.

145

CHRISTOPHER HILGER

Für manche Menschen ist es ein großer Verlust durch das Abitur zu fallen. Christopher Hilger (Jahrgang 1977) verließ das Gymnasium freiwillig nach dem Fachabitur und beschloss, eine Ausbildung zum Hotelfachmann im Hotel Günnewig in Bonn zu absolvieren. Von dort wechselte er in das Excelsior Hotel Ernst in der Kölner Innenstadt mit Blick auf den Dom und arbeitete für ein Jahr an der Bar des Hauses. Bereits während seiner Ausbildung jobbte Hilger in verschiedenen Bars, um sein Gehalt aufzubessern. Auf diesem Wege entdeckte er seine Passion und entschloss sich seinen beruflichen Werdegang auch weiterhin in den Bars Nordrhein-Westfalens voranzutreiben. Ein Jahr absolvierte er als Chef der gepflegten Getränkeausgabe in der Bar am Kaiserteich in Düsseldorf (K 21), bevor er im August 2003 den Schritt in die Selbstständigkeit wagte und seine Bar Alexander in Düsseldorf-Unterbilk eröffnete. Knapp zweieinhalb Jahre später ließ er dieser Einrichtung ein weibliches Pendant folgen: die Bar Alexandra im gleichen Stadtteil. Aber diese beiden

Bars sind nicht die einzigen Projekte, mit denen Christopher Hilger seine Tage ausfüllt. Darüber hinaus betreibt er eine Agentur für Leihpersonal in der Gastronomie, Barbereich und Events. Aber auch als Leiter für Bar- und Cocktail-Schulungen ist Hilger begehrt. An der Fachhochschule Bad Honnef leitet er Cocktail-Kurse. Ab und an fährt er gerne noch als Mixer auf Events. Auf die Frage hin, was er von molekularen Bartechniken hält, zeigt Hilger sich offen. Es erscheint ihm interessant, die Textur von Flüssigkeiten zu verändern. Im Moment experimentiert er in seinen Bars mit Zutaten, die eher aus dem Küchen-, als aus dem Getränkebereich stammen: frische Kräuter, Schokolade, Gewürze. Ob ein gutes Ergebnis bei den Experimenten

herauskommt, dazu gehört immer auch ein bisschen Glück. An Zubereitungen aus der Avantgardeküche bietet Christopher Hilger zur Zeit in seine Bars nur Schäume an. Es gibt nämlich im täglichen Geschäft einige Nachteile dieser modernen Bartechniken. Sie sind zu Stoßzeiten, wenn die Bars voll sind, zu unpraktisch, mit zu viel Zeitaufwand verbunden und personalintensiv. Auch müssten alle Mitarbeiter hinter den Theken Schulungen erhalten, um der neuen Techniken Herr zu werden. Wichtiger findet Hilger, dass sein Personal zuerst sein Handwerk perfekt beherrscht. Anschließend kann er sich neuen Ufern zuwenden. Für Veranstaltungen, Empfänge und Events sieht er hingegen in den molekularen Cocktails einen interessanten Trend: Gerade die Verkapselungen von Flüssigkeiten bieten sich hier an. Eine Chance für avantgardistische Cocktails im größeren Stil sieht Christopher Hilger in kleinen, spezialisierten Bars. Für seine eigenen Bars präferiert er den bereits erwähnten Cuisine-Style, der Elemente aus dem Küchenbereich aufgreift (Gewürze, Kräuter, Aceto Balsamico, Ingwer, Zitronengras etc.). Eins muss allerdings gewährleistet sein: Die Cocktails müssen nach wie vor in flüssiger Form zum Gast kommen und nicht etwa an ein Gericht im Restaurant erinnern. Zum Experimentieren schwebt Hilger eine kleine Küche in seinen Bars vor, in der er seine neuen Kreationen zur Vollendung führen kann.

BELLINI MOLEKULARE

1 kg frische, weiße Pfirsiche
80 ml Pfirsichlikör
60 ml Pfirsichsirup
40 ml Zitronensaft
20 g Gelatine-Fix

Die Pfirsiche enthäuten, entkernen und mit den restlichen Zutaten in einem Mixer gut vermischen. Danach alles passieren und in einen Sahnesyphon geben. 2 bis 3 Sahnepatronen verwenden, kurz und kräftig schütteln und, im Kühlschrank liegend, 24 Stunden ruhen lassen. Ein Glas zur Hälfte mit Sekt füllen und den Espuma mit Hilfe eines Löffels auf die Sektoberfläche sprühen. Zum Servieren mit einer Physalis dekorieren.

1 kg frische Mangos
80 ml Mangolikör
60 ml Mangosirup
40 ml Limettensaft
20 g Gelatine-Fix

2 g Lecite
200 ml Cranberrysaft
25 ml Cranberrysirup
100 g frische Erdbeeren
4 cl Erdbeersirup
1 g Xantana
einige Giotto-Pralinen

Die Mangos enthäuten und entkernen und mit den restlichen Zutaten in einem Mixer gut vermischen. Danach alles passieren und in einen Sahnesyphon geben, 2 bis 3 Sahnepatronen verwenden, kurz und kräftig schütteln und, im Kühlschrank liegend, 24 Stunden ruhen lassen. Lecite in Cranberrysaft und Cranberrysirup mit dem Pürierstab etwa 45 Sekunden schaumig aufschlagen. Dann die frischen Erdbeeren mit Erbeersirup verdicken. In eine Martini-Schale zuerst ein wenig Erdbeerpüree füllen und mit einem Löffel das Mangoespuma auf das Püree geben. Zum Schluss den Cranberryschaum mit einem Sieblöffel oben auflegen oder mit dem Mangoschaum vermischen. Zum Servieren mit einigen Giotto-Bröseln bestreuen.

CRANMANGOBERRY

1 kg frische, weiße Pfirsiche
80 ml Pfirsichlikör
60 ml Pfirsichsirup
40 ml Zitronensaft
20 g Gelatine-Fix

1 kg frische Mangos
80 ml Mangoliкör
60 ml Mangosirup
40 ml Limettensaft
20 g Gelatine-Fix

1 kg frische, grüne Äpfel
80 ml Grüner Apfellikör
60 ml Grüner Apfelsirup
40 ml Limettensaft
20 g Gelatine-Fix

100 g frische Erdbeeren
4 cl Erbeersirup
100 g frische Waldbeeren
2 cl Grenadine
2 cl Brombeersirup
2 g Xantana

Die Pfirsiche, Mangos und Äpfel schälen und entkernen. Dann jeweils mit Likör, Sirup und Zitronen- bzw. Limettensaft in einem Mixer separat gut vermischen. Danach passieren und in einen Sahnesyphon geben. 2 bis 3 Sahnepatronen verwenden, kurz und kräftig schütteln und, im Kühlschrank liegend, 24 Stunden ruhen lassen. Die frischen Erdbeeren mit Erbeersirup im Mixer pürieren und das Püree mit 1 g Xantana verdicken. Dann die frischen Waldbeeren mit Grenadine und Brombeersirup im Mixer pürieren und das Püree mit 1 g Xantana verdicken. Nun zuerst das Waldbeerpüree in ein Glas geben und mit einem Löffel nacheinander das Apfelespuma, das Erdbeerpüree, das Pfirsichespuma und wieder Erdbeerpüree auflegen. Zuletzt on Top das Mangoespuma geben.

FRUCHTPUNCH MOLEKULARE

PASSIONATO

1 Passionsfrucht
1 kg frische Mangos
80 ml Mangolikör
60 ml Mangosirup
40 ml Limettensaft
20 g Gelatine-Fix
2 g Algin
190 ml Wasser
120 ml Aperol
2 g Calcic
60 ml Olivenwasser
20 ml Noilly Prat

Die Passionsfrucht und die Mangos halbieren und entkernen, die Mangos zusammen mit einer halben Passionsfrucht, Mangolikör, Mangosirup, Limettensaft und Gelatine gut vermischen, passieren und in einen Sahnesyphon geben. 2 bis 3 Sahnepatronen verwenden, kurz und kräftig schütteln und, im Kühlschrank liegend, 24 Stunden ruhen lassen. Algin mit 60 ml Wasser vermischen und 2 Stunden im Kühlschrank ziehen lassen. Dann 120 ml Aperol hinzugeben. Das Calcic in 130 ml Wasser mit dem Pürierstab auflösen. Mit einer Spritze kleine Kügelchen der Aperol-Lösung in das Calcic-Bad geben und nach 30 Sekunden in einem kalten Wasserbad kurz abspülen. Nun die halbe Passionsfrucht mit Mangoespuma füllen und ein paar Aperol Kügelchen und Passionsfruchtkerne auf den Schaum legen.

Spooncocktail Olive:
2 g Algin
210 ml Wasser
60 ml Olivenwasser
20 ml Noilly Prat
2 g Calcic
5 Oliven

Algin mit 60 ml Wasser vermischen und
2 Stunden im Kühlschrank ziehen lassen,
dann Olivenwasser, Noilly Prat und 20 ml
Wasser hinzugeben. Calcic in 130 ml
Wasser mit dem Pürierstab auflösen. Die
Oliven in feine Stücke hacken. Mit einem
Drop-Löffel die Olivenlösung aufnehmen
und ein paar Olivenstückchen hinein
geben. In das Calcic-Bad geben und nach
30 Sekunden in einem kalten Wasserbad
kurz abspülen. Auf einem Löffel anrichten.

SPOONCOCKTAIL OLIVE & MANGO

Spooncocktail Mango:
4 g Algin
380 ml Wasser
120 ml Aperol
3,5 g Calcic
120 ml Mangolikör

2 g Algin und 60 ml Wasser vermischen und 2 Stunden im Kühlschrank ziehen lassen. Dann Aperol hinzugeben. Calcic in 130 ml Wasser mit dem Pürierstab auflösen. Mit einer Spritze kleine Kügelchen der Aperol-Lösung in das Calcic-Bad geben und nach 30 Sekunden in einem kalten Wasserbad kurz abspülen. 2 g Algin und 60 ml Wasser vermischen. 2 Stunden im Kühlschrank ziehen lassen, dann 120 ml Mangolikör hinzugeben. Calcic in

130 ml Wasser mit dem Pürierstab auflösen. Mit einem Drop-Löffel die Mangolösung aufnehmen und ein paar Aperol-Kügelchen hineingeben. In das Calcic-Bad geben und nach 30 Sekunden in einem kalten Wasserbad kurz abspülen. Den Drop mit Mangostreifen auf einem Löffel anrichten.

1 g Agar
40 ml weißer Schokoladensirup
40 ml Wasser
100 g frische Erdbeeren
4 cl Erdbeersirup
1 g Xantana
3 Schokoherz-Pralinen
3 Oblaten

Agar zu weißem Schokoladensirup und Wasser in einen Topf geben und unter ständigem Rühren aufkochen. Die Flüssigkeit in eine Eiswürfelform gießen und eine Scheibe eines Schokoherzes hineingeben. Danach mehrere Stunden im Kühlschrank auskühlen lassen. Die frischen Erdbeeren mit Erbeersirup im Mixer pürieren und das Püree mit Xantana verdicken. Das Erdbeerpüree auf einen Löffel geben, darauf den Geleewürfel setzen und mit geschnittenen Oblaten dekorieren.

SPOONCOCKTAIL ERDBEERSCHOCK

1 g Agar
40 ml Schokoladensirup
40 ml Wasser
30 ml Noilly Prat
60 ml Wodka
1,5 g Xantana
einige Blätter Basilikum

Agar zu Schokoladensirup und Wasser in einem Topf geben und unter ständigem Rühren kurz aufkochen. Die Flüssigkeit in eine Plastikform gießen, sodass nur der Boden bedeckt ist, und mehrere Stunden im Kühlschrank auskühlen lassen. Die erkaltete Schokolade in kleine Quadrate schneiden. Noilly Prat und Wodka mit dem Pürierstab vermischen und mit Xantana verdicken. Zum Servieren in eine Martini-Schale geben und die Schoko-quadrate und ein paar Blätter Basilikum auflegen.

SCHOKO MARTINI

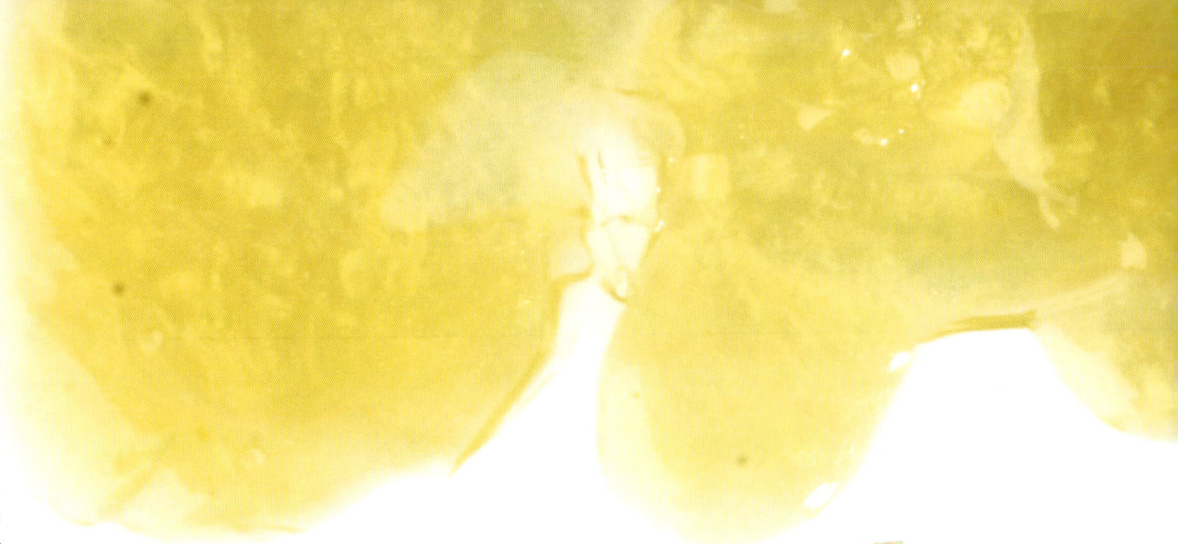

Wenn man alle Erfahrungen und Verhältnismäßigkeiten der molekularen Küche verinnerlicht, wird man unweigerlich zu dem Schluss kommen, dass die molekulare Küche die klassische Küche nicht ersetzen, sondern nur bereichern wird.

Es gibt einfach zu viele Produkte in der klassischen Küche, die es nicht verdienen, durch Texturmodifikation verändert zu werden. Besonders im Premiumbereich hat uns die Natur Produkte und Konsistenzen bereitgestellt, die man einfach nicht verbessern kann. Die gebratene Scheibe Gänsestopfleber, das pochierte Steinbuttfilet, die Jakobsmuschel und die Steinpilze à la crème sind nur wenige Beispiele dafür. Überall jedoch, wo mit aufwändiger Rezeptur gearbeitet wird, lässt sich durch die molekularen Texturgeber oder die molekularen Techniken etwas verbessern. Ich wiederhole mich hier bewusst, um diesen Gedanken zu betonen: Jeder Koch, der das nicht umsetzt, bleibt hinter seinen Möglichkeiten zurück.

Schließlich ist und bleibt es seine Hauptaufgabe, das Produkt auf dem Teller zu verbessern. Eine Verbesserung im Vergleich zum Vorjahr, aber auch besser, als es der Gast selbst kochen kann!

Wenn man überlegt, wo die aufwändigsten Rezepturen zu finden sind, landet man unweigerlich in der Patisserie. Bis auf Früchte als Dekoration wird kaum ein Produkt naturbelassen verwendet. Alles wird mit Zucker oder Likör gesüßt, vermahlen, geknetet, geschmolzen, gebacken, vermischt, temperiert und wieder abgekühlt. In diesem Umfeld fühlt sich die Molekularküche zuhause. Patissiers haben berufsbedingt ein besseres Verhältnis zum Thermometer und zur Stoppuhr, als andere Köche. Daher ist es nicht verwunderlich, dass sich in Spanien, dem Vorreiterland der molekularen Küche, auch die modernen Techniken und Texturgeber besonders im Dessertbereich manifestiert haben. Denn dort dreht es sich in der gehobenen Gastronomie nicht mehr um die Frage, ob das Dessert molekular beeinflusst ist, sondern maßgeblich darum, in welchem

MOLEKULARE PATISSERIE

Grad das zutrifft. In diesem Zusammenhang steht folgende Frage im Vordergrund: Übersteht das Dessert die Ansprüche eines Caterings, oder nicht? Denn auch in Spanien werden Desserts eher im Menü gegessen und weniger à la carte. Im à la carte-Geschäft ist es relativ einfach für den Patissier, ein Dessert aus drei oder vier verschiedenen Komponenten in zwei oder drei verschiedenen Temperaturzonen zuzubereiten. Dieses Können zeichnete einen Patissier bereits vor dem Einzug der molekularen Techniken aus. Die Problematik, ein Dessert für eine große Anzahl von Gästen zu bewerkstelligen, hat sich bis heute nicht geändert. Bislang sind, trotz molekularem Einfluss, die Desserts auf großen Veranstaltungen meist warm oder kalt. Selten gemischt und wenn doch, dann in getrennten Gefäßen. Dies ist meist einer kleinen Anzahl von Gästen vorbehalten. Hier greift der Ansatz der molekularen Küche. Spannende, aufregende und vollkommen neuartige Desserts sind nun möglich. Köche wie Gäste werden die wirklichen Vorteile der molekularen Küche schätzen lernen. Ohne langweilig wirken zu wollen, muss ich auch hier mein Lieblingskind der molekularen Küche als Beispiel zumindest erwähnen – das falsche Eidotter. Gerade im Dessertbereich kommt es erst richtig zum Einsatz. Die Vorteile des falschen Eidotters liegen nicht nur darin, dass man es in großen Mengen vorproduzieren und einige Stunden lagern kann, sondern auch darin, dass der Einsatz der Aromen sehr mannigfaltig sein kann. Ob es sich nun um gesüßte Frucht-

pürees oder einen flüssigen Schokoladenkern handelt, spielt bei der Herstellung keine Rolle. Meine erste Erfahrung mit diesem Dessert war auf einer Veranstaltung des großen Patissiers Gaston Lenôtre in Lyon. Die gleichnamige Firma genießt Weltruf und ihr Inhaber, der 87-jährige Gaston, lud auf der Sirha, einer französischen Gastronomiemesse, Kunden und Journalisten ein, um ihnen neue Produkte und neue Kooperationen vorzustellen. Etwa 250 Gäste drängelten sich an den verschiedenen Ständen des Hauses Lenôtre und konnten von den Kreationen kosten, die, nach Themen sortiert, vorgestellt wurden. Die meisten der Gäste waren in Gesprächen derart vertieft, dass sie die süßen Schleckereien eher nebenbei aßen, ohne dabei die Unterhaltung zu unterbrechen. Mit dem Wissen über die Vorteile der molekularen Küche wurden von Lenôtre an einem der Outlets jene besagten, falschen Eidotter in zig verschiedenen Varianten serviert. Sie wurden auf einem Asia-Reislöffel angerichtet und als Gast erwartete man erfahrungsgemäß etwas Klassisches: ein Fondant-Ei oder ein Petit Four in Eiform. So geschah es, dass jeder Gast, der ein falsches Eidotter probierte, so verblüfft war, dass jegliche bisherige Unterhaltung zum Erliegen kam. Das neue Gesprächsthema war dieses falsche Eidotter. Während an den anderen Outlets weiter über dies und das geredet wurde, gab es am molekularen Stand nur noch ein einziges Thema. Auch der Service veränderte sich am besagten Stand. Auffällig war, dass an den anderen Ständen weiterhin Gäste beim Smalltalk die eine oder andere Süßigkeit naschten – eine

freundlich lächelnde Hostess legte in Zeitabständen von rund 30 Minuten eine neue Platte nach. Am Molekular-Stand hingegen sah es deutlich anders aus. In Dreier- und Viererreihen drängte man sich um diese neue Kreation. Alle wollten die erstaunlichen Neuheiten probieren, wenn möglich auch in allen Geschmacksrichtungen. Äquivalent dazu befanden sich hinter dem Stand drei vollkommen überforderte Konditoren, die in Windeseile die Eidotter aus den Flexipanformen lösten, sie auf die Löffel drapierten und mit Blattgold oder Pulverfarbe bestäubten. Sobald sie jedoch ein Tablett

fertig hatten und es auf die Theke stellten, war es fast augenblicklich wieder leer. Die Situation schaukelte sich derartig auf, dass sich später fast die Hälfte aller Gäste um den Molekular-Stand scharte, um wenigstens eines der Wunderteile zu ergattern. Dies endete erst, als Gaston Lenôtre seine Ansprache begann. Die molekularen Patissiers nutzten die Gelegenheit, um sofort ihren Stand abzubauen, denn ihr mise-en-place war vollkommen geplündert worden. (Das Rezept, sowie die technische Anleitung für dieses falsche Eidotter folgt im Anschluss).

Molekulare Küche bietet allerdings nicht nur die Technik der Verkapselung. Mit den Texturgebern lassen sich gerade auch im heißen und kalten Bereich erstaunliche Ergebnisse erzielen. Die Firma Sosa gehört einem alten Mitstreiter Ferran Adriàs. Sie ist seit einigen Generationen in Spanien für ihre qualitativ hochwertigen Hilfsmittel für die Patisserie be-

kannt und unterstützt und fördert die renommierte Patisserie-Schule Espai Sucre in Barcelona. Im Sosa-Sortiment findet man natürlich auch molekulare Texturgeber. Eine Reihe ausgezeichneter Produkte sind beispielsweise Maltosec, vegetarische Gelatine und Peta Zeta. Mit Maltosec, einem federleichten Maltodextrinzucker, der stark fettabsorbierend ist, wird es möglich, leicht süße Streusel aus Olivenöl zu produzieren, die man dann anbraten und heiß auf Bayrischcrème oder spanischem Mandelpudding servieren kann. Mit vegetarischer Gelatine kann man aus flüssiger Schokolade eine Folie herstellen, die sich beim Abflämmen mit dem Bunsenbrenner wie eine Schrumpffolie um süßes Backwerk wie gefüllte Profiteroles schmiegt. Peta Zeta, die gute, alte Knallbrause, wird bei Sosa mit Schokolade oder Kakaobutter ummantelt, sodass man sie in Desserts und Pralinen integrieren kann, ohne dass sie beim Anrichten bereits explodieren.

GERÄTE

MESSLÖFFEL

SIEBLÖFFEL

MESSBECHER

STABMIXER

FLASCHE UND

SCHLAUCH

PRÄZISIONSWAAGE

SPRITZENHALTER

UND SPRITZEN

KAVIAR-MAKER

ESPUMASPRAYER

STICKSTOFF UND

ZUBEHÖR

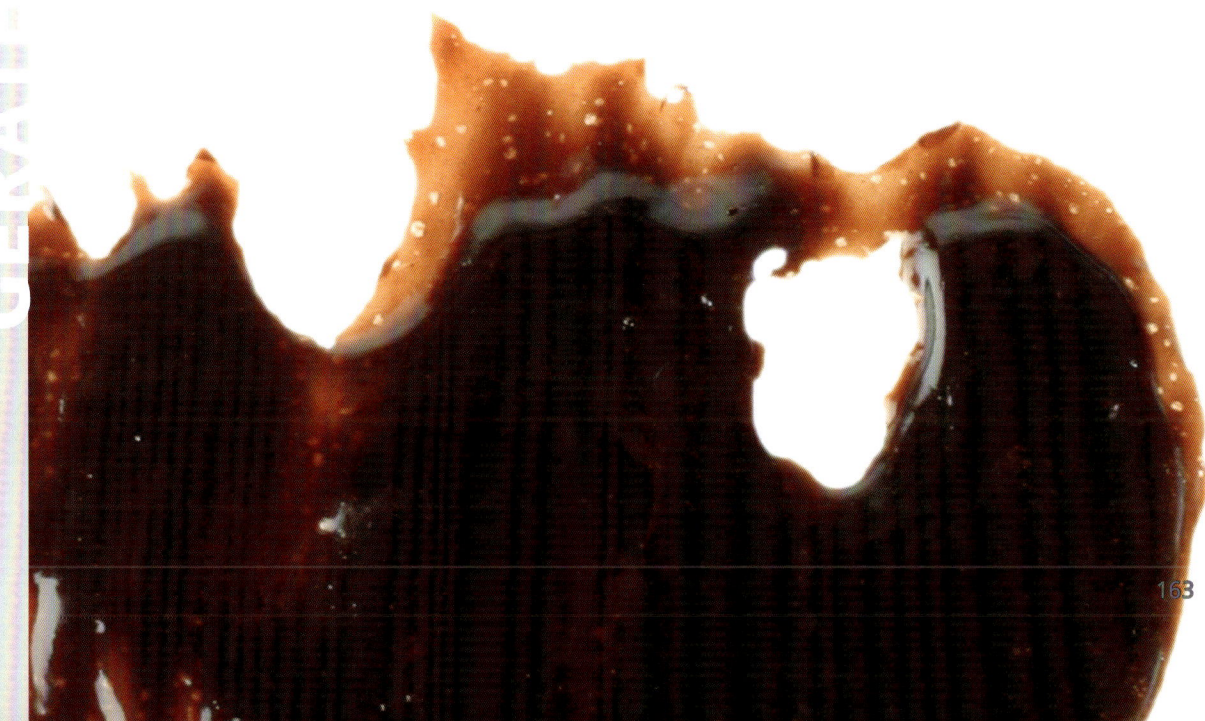

20 ml Wasser
0,9 g Metil
20 g Brombeerlikör von Ziegler
2 g Glyzerin

200 g Sahne
3 Blatt Gelatine
3 EL Pistazienmark von Sosa
700 g weiße Kuvertüre

In dem Wasser das Metil auflösen und darauf achten, dass dabei wenig Bläschen entstehen. Etwas setzen lassen. Den Brombeerlikör einrühren, in die Mischung das Glyzerin geben und mit einem Löffel unterrühren. Auf Silpatmatten gießen und im Hold-O-Mat bei 40 °C etwa 24 Stunden trocknen lassen. Alternativ lassen sich die Pralinen auch im Backofen bei sehr niedriger Hitze und wenig Feuchtigkeit trocknen.

Für die Pistazienfüllung die Sahne aufkochen, die eingeweichte Gelatine darin auflösen und mit dem Pistazienmark aromatisieren. Die weiße Kuvertüre in kleinen Stücken dazugeben und langsam glattrühren. 1 cm hoch in eine Kastenform füllen und mindestens 4 Stunden kalt stellen.

Die Pistazien-Schokoladenmasse in 1 cm dicke Streifen schneiden und in die Brombeerlikörfolien einschlagen. Mindestens 2 Stunden kalt stellen und dann in kleine Segmente schneiden.

300 g Valrhona-Schokolade, 70%
50 g Crème fraîche
200 ml Sahne
100 g stark entöltes Kakaopulver von
Valrhona
20 g Peta Zeta mit Schokoglasur

Die Schokolade über einem Bain Marie schmelzen und vorsichtig Sahne und Crème fraîche unterheben. Wenn alles zähflüssig ist in einen Espuma Sprayer füllen und 3 Patronen Stickstoff dazu geben. Damit die Masse nicht im Sprayer fest wird, sofort in Form von Bahnen oder Tupfen auf ein mit dem Kakaopulver bestreutes Backblech sprühen. Nun die Tupfen mit Kakaopulver bestreuen und darin wälzen. So kann man die Pralinen anfassen, obwohl sie innen fast flüssig bleiben. Zum Schluss die Pralinen mit Peta Zeta-Flocken bestreuen.

PRESSLUFT GANACHE MIT PETA ZETA

500 ml Orangensaft
3 cl Grand Manier
2 EL Honig
10 g Metil

100 g Valrhona-Couvertüre Zartbitter, 70%
200 g Sahne
80 ml Milch
3 cl Crème de Kakao
1 ausgekratzte Vanillestange
4 Blatt Gelatine

Alle Zutaten mit einem Stabmixer zu einer homogenen Masse verarbeiten. Bei Bedarf in Formen füllen. Wichtig dabei ist zu wissen, dass sich alle Orangensäfte im Gehalt an Säure oder Konservierungsstoffen unterscheiden. Deswegen sollte möglichst nur eine Sorte Saft verwendet werden.

Die Sahne einmal aufkochen, mit den restlichen Zutaten vermengen, die eingeweichte Gelatine dazugeben und glattrühren. In einen Behälter füllen und mindestens 4 Stunden kalt stellen. In gewünschte Würfel schneiden und in die Orangenmasse legen. Wenn die Würfel nicht auf die optimale Position sinken, noch etwas Metil hinzugeben. Die Formen in Bambuskörbe setzen und dämpfen. Dann vorsichtig testen, ob alles fest ist. Das Kondenswasser abschütten und stürzen.

150 g Qimiq Profi-Whip
65 g Yopol
500 ml Milch
Maldon Sea Salt, Kaveri Pfeffer
Saft von 1/2 Limette
frisches Basilikum
Olivenöl
Crutomat

Qimiq, Yopol und Milch glattrühren. Mit Salz, Pfeffer und Limettensaft abschmecken. In einen Pacossierbecher füllen und gefrieren lassen. Pacossieren. Angerichtet wird mit frischem Basilikum, etwas mildem Olivenöl und Crutomat.

JOGHURTEIS MIT GETROCKNETEN TOMATEN-FLÖCKCHEN UND FRISCHEM BASILIKUM

Crutomat

Bei Crutomat handelt es sich um dehydrierte Tomatenflocken. Weitere Inhaltsstoffe sind lediglich Maisstärke und Zucker. Wie bei Yopol kann Crutomat in der Küche dort eingesetzt werden, wo der Geschmack von Tomaten, nicht aber deren Wassergehalt bei einer Zubereitung sinnvoll erscheint. Da die Tomate ein Fruchtgemüse ist, kann sie auch sehr gut in der Patisserie verwendet werden.

Anwendung: Wie alle dehydrierten Produkte eignet sich Crutomat ausgezeichnet bei der Herstellung von süßen und salzigen Teigmassen aller Art. In der warmen Küche empfiehlt sich dieses Produkt auch bei der Herstellung von Krusten, Panaden, Streichpasten und Marinaden. Crutomat muss kühl und trocken gelagert werden.

JOGHURTCRÈMEEIS

MIT KARAMELLSPLITS

150 g Qimiq Profi-Whip
500 ml Milch
60 g Yopol
2 EL Akazienhonig
3 EL Zucker
Saft 1/2 Limette

Karamellsplits:
100 g Zucker
50 g Butter

Qimiq mit der Milch und dem Yopol glatt-rühren. Mit Honig, Zucker und Limetten-saft abschmecken. Die Masse in einen Pacossierbecher füllen, gefrieren lassen und anschließend pacossieren.

Zucker in einer Pfanne auflösen und, wenn der Zucker golden wird, Butter hinzufügen. Das entstandene Karamell auf eine Matte streichen, mit einer zweiten Matte bedecken und ausrollen. Vorsicht, denn der Karamell ist sehr heiß. Den festen Karamell zerbröseln und noch einmal mit dem Joghurteis pacossieren.

Port Culinaire – sicherer Hafen für Gourmets.

Stöbern Sie auf unserer Homepage!

Buchshop, Gourmetshop, Warenkunde, Bilder, Geschichten, Rezepte und vieles mehr!

www.port-culinaire.de

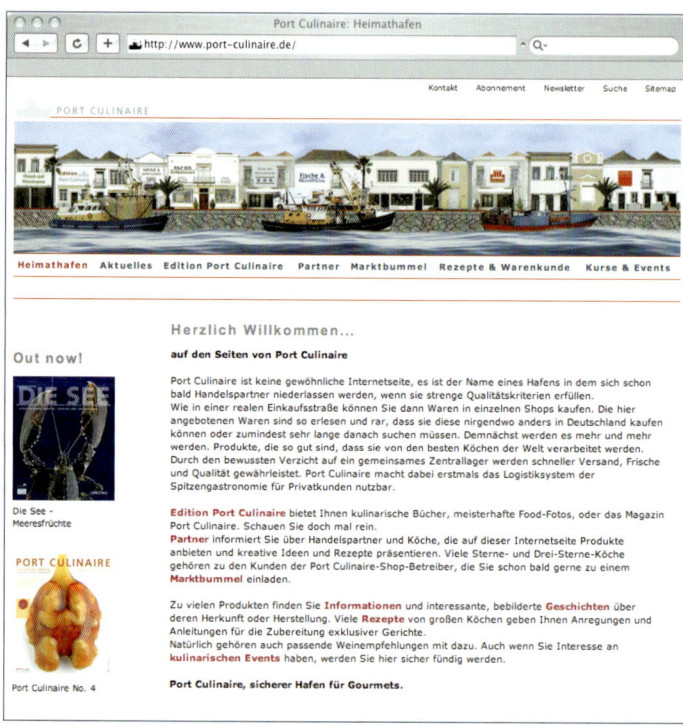

 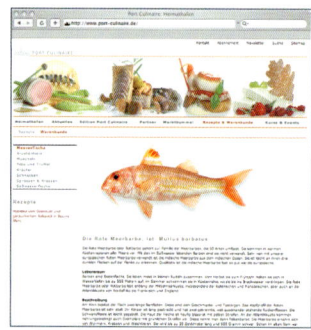

PORT CULINAIRE: Kulinarischer Sammelband – Reportagen, Rezepte, Warenkunde

Best of the world

Best Design, Chicago Athenaeum

Newcomer Magazin des Jahres

DESIGNPREIS 2009 NOMINIERT

Port Culinaire No. ZERO

Kulinarischer Sammelband & Pflichtlektüre für Gourmets

Herausgeber und Fotograf: Thomas Ruhl
Umfang: 156 Seiten, Format: 24 x 28 cm
deutsch / englisch
ISBN: 978-3-938173-26-8

Aus dem Inhalt: Mit Ralf Bos auf Trüffelsuche im Himalaya & Rezepte • Bisonranch & Bisonrezepte • Dieter Müllers Tipps & Tricks • Die Reise der Austern & Rezepte von Nils Henkel • Kulinarische

Expedition zum äußersten Ende Europas • Flor de Sal • Sagres Fischmarkt • Weißer Rotwein

Port Culinaire No. ONE

Herausgeber und Fotograf: Thomas Ruhl
Umfang: 156 Seiten, Format: 24 x 28 cm
ISBN: 978-3-938173-35-0

Aus dem Inhalt: Molekularküche • Mieral, Geflügel aus der Bresse mit Cornelia Poletto & Thomas Bühner • Ritter der Flüsse, Krebsrezepte von Nils Henkel • Pilze – Schirmherren des guten Ge-

schmacks • Meeresalgen • Art you can eat, "Chef Picasso" Olaf Niemeier • Ziegler, die Essenz der Früchte • Schwäbische Austern, Evert Kornmayer, Rezepte von Dieter Müller

ort Culinaire No. TWO

Herausgeber und Fotograf: Thomas Ruhl
Umfang: 156 Seiten, Format: 24 x 28 cm
ISBN: 978-3-938173-36-7

Aus dem Inhalt: Molekularküche – The next Generation von Ralf Bos & Heiko Antoniewicz • Im Reich der schwarzen Schweine, Juan Amador und Nils Henkel • Müritz-Lamm, Rezepte Marco Müller,

Christian Bau • Die Jagd auf den Skrei, Cornelia Poletto & Dieter Müller • Sprossen und Kressen • Deutschland brennt – Heiner Renn vom Bodensee • Evert Kornmayer – Elefantenkaffee

---

ort Culinaire No. THREE

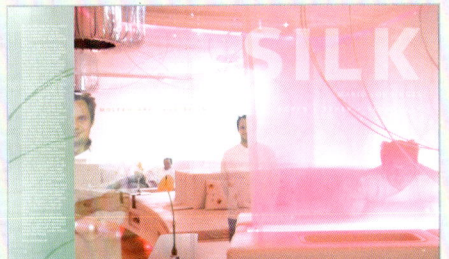

Herausgeber und Fotograf: Thomas Ruhl
Umfang: 156 Seiten, Format: 24 x 28 cm
ISBN: 978-3-938173-42-8

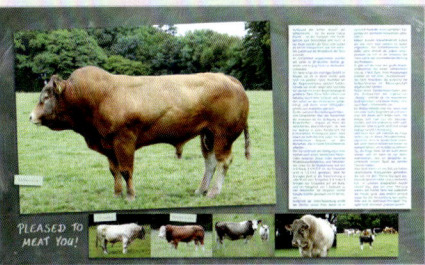

Aus dem Inhalt: Molekularküche Vol. 3, Ralf Bos & Mario Lohninger • Irish Food Experience Part I and II: Irischer Wiskey, V-Notching, Return of the Dry age, Kevin Fehling, Volker Drkosch • Von Stallha-

sen und Sterneköchen, Christopher & Alejandro Wilbrand • So isst Deutschland • Bernhard Antony & Käsereise durch Italien • Essbare Landschaften • Auf den Frosch gekommen

---

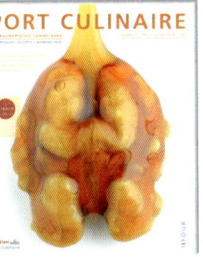

ort Culinaire No. FOUR

Herausgeber und Fotograf: Thomas Ruhl
Umfang: 156 Seiten, Format: 24 x 28 cm
ISBN: 978-3-938173-44-2

Aus dem Inhalt: Hubertusjagd im Hessenforst, Mike Hoffmann, Volker Drkosch • Gams- und Murmeltier im Engadin, Bernd Ackermann • New York Meat Expedition, Stephan Otto • Catch me if you can – Süßwasserfische, Michael Sobota, Nils Hen-

kel, Sascha Stemberg • Bio Tilapia und Roter Trommler in Israel, Uri Buri • So isst Deutschland, Jean Claude Bourgueil • Essbare Landschaften Part II • Molekulare Techniken – Patisserie, Ralf Bos • Zibärtle – die fast vergessene Obstbrandspezialität

---

ort Culinaire No. FIVE

Herausgeber und Fotograf: Thomas Ruhl
Umfang: 156 Seiten, Format: 24 x 28 cm
ISBN: 978-3-938173-45-9

Aus dem Inhalt: Go West – American Beef Story Part Two Stephan Otto, Stefan Marquard, Harald Wohlfahrt • Bison im Wilden Westen, Kolja Kleeberg, Patrick Coudert • Puro Cubano, Molekulare Cocktails • Lexikon der Zitrusfrüchte, Denis Feix •

Räuchern, Heiko Antoniewicz • Salz, Ralf Bos • Helmut Zerlett testet Geschmacksschulen • So isst Deutschland • Mumme – Energiedrink, Evert Kornmayer • Schergengruber Lamm

---

ort Culinaire No. SIX

Herausgeber und Fotograf: Thomas Ruhl
Umfang: 156 Seiten, Format: 24 x 28 cm
ISBN: 978-3-938173-53-4

Aus dem Inhalt: Meersalz, Ralf Bos • Grauvieh, Wolfgang Otto, Dieter Müller, Bernd Ackermann • Privilegio del Moncayo, Juan Amador • Galicien – von Pulpos, Boquerones und Nevajas, Tapas von Alejandro und Christopher Wilbrand, Kevin Feh-

ling • Aalglatte Geschichten, Nils Henkel • Lexikon europäischer Wurst- und Fleischspezialitäten, Mike Süsser • Helmut Zerlett testet die Kochschule im Hotel Traube Tonbach • Sommerfrüchtchen – Big and Bottled

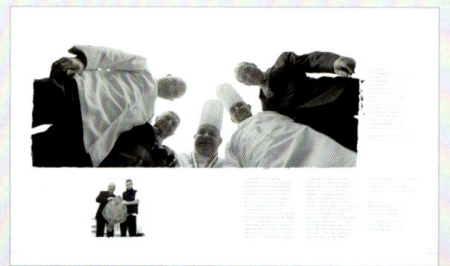

Die Philosophie der großen Küche

Autoren: Jean Claude Bourgueil & Thomas Ruhl
Umfang: 256 Seiten, Format: 24 x 28 cm

ISBN: 978-3-7716-4336-2

Auszeichnung: Bestes Chef-Kochbuch der Welt

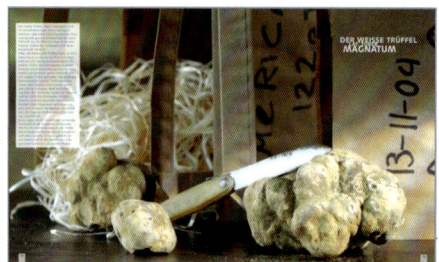

Trüffel und andere Edel-pilze

Autoren: Ralf Bos & Thomas Ruhl
Umfang: 312 Seiten, Format: 24 x 28 cm

ISBN: 978-3-7716-4335-5

Auszeichnung: Goldmedaille der Gastronomischen Akademie Deutschlands

Typisch Deutsch – Neues aus der klassischen regio-nalen Küche

Autoren: Jean Claude Bourgueil & Thomas Ruhl
Umfang: 312 Seiten, Format: 24 x 28 cm

ISBN: 978-3-7716-4338-6

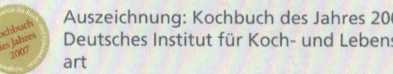

Auszeichnung: Kochbuch des Jahres 2007 Deutsches Institut für Koch- und Lebens-art